# 中国传统村落调查

【湖南 永顺卷】

丛书主编 段超 田敏

本卷主编 康翠萍
本卷副主编 姚林

长江出版传媒
湖北人民出版社

## 图书在版编目(CIP)数据

中国传统村落调查. 湖南永顺卷 / 康翠萍主编. —武汉：湖北人民出版社, 2023.8
ISBN 978-7-216-10352-7

Ⅰ. ①中… Ⅱ. ①康… Ⅲ. ①村落—调查研究—永顺县 Ⅳ. ①K928.5

中国版本图书馆CIP数据核字（2021）第264384号

| | |
|---|---|
| 总 策 划： | 马　骏 |
| | 徐　艳 |
| 责任编辑： | 陈　兰 |
| | 程　敏 |
| 封面设计： | 刘舒扬 |
| 责任校对： | 范承勇 |
| 责任印制： | 杨　锁 |

中国传统村落调查. 湖南永顺卷
ZHONGGUO CHUANTONG CUNLUO DIAOCHA HUNAN YONGSHUNJUAN

| | | | |
|---|---|---|---|
| 出版发行： | 湖北人民出版社 | 地址： | 武汉市雄楚大道268号 |
| 印刷： | 湖北新华印务有限公司 | 邮编： | 430070 |
| 开本： | 787毫米×1092毫米　1/16 | 印张： | 15.75 |
| 字数： | 241千字 | 插页： | 11 |
| 版次： | 2023年8月第1版 | 印次： | 2023年8月第1次印刷 |
| 书号： | ISBN 978-7-216-10352-7 | 定价： | 68.00元 |

本社网址：http://www.hbpp.com.cn
本社旗舰店：http://hbrmcbs.tmall.com
读者服务部电话：027-87679656
投诉举报电话：027-87679757
（图书如出现印装质量问题，由本社负责调换）

大明村全景(袁立新 摄)

西龙村全景(袁立新 摄)

兰花洞村全景(袁立新 摄)

大井村全景(袁立新 摄)

流浪溪村全景(袁立新 摄)

沙土村全景(袁立新 摄)

芷州村全景（袁立新　摄）

老司城村全景（袁立新　摄）

兰花洞村一隅(袁立新 摄)

老司城村祖师殿(袁立新 摄)

龙珠村吊脚楼(袁立新 摄)

龙珠村民居近景(袁立新 摄)

小溪村村内景象(袁立新 摄)

爬出科村传统民居(袁立新 摄)

双凤村一角(袁立新 摄)

小溪村一隅(袁立新 摄)

列夕村内一角（袁立新 摄）

兰花洞村传统民居（袁立新 摄）

大井村古房屋(雷秋萍 摄)

西那村吊脚楼(袁立新 摄)

流浪溪村古花桥(雷秋萍 摄)

西龙村内桥梁(袁立新 摄)

西龙村村民收获水稻(袁立新 摄)

小溪村村民收获辣椒(袁立新 摄)

伍伦村村民晾晒谷物(袁立新 摄)

大明村村民晾晒莓茶(袁立新 摄)

土家族哭嫁(袁立新 摄)

毛古斯舞(袁立新 摄)

村民熏制腊肉(袁立新 摄)

# 总　序

　　传统村落，又称古村落，是指村落形成较早，拥有丰富的传统资源，具有一定历史、文化、科技、艺术、社会、经济价值，应予以保护的村落。2012年4月，住房和城乡建设部、文化部、国家文物局、财政部联合发出开展传统村落调查的通知。经各省（区、市）相关部门组织专家调研与评审，全国汇总的数字显示，我国现存具有传统性质的村落近1.2万个。2012年9月，由建筑学、民俗学、规划学、艺术学、遗产学、人类学等领域专家组成的专家委员会，评审出中国传统村落名录。2012年12月17日，住房和城乡建设部、文化部、财政部等部门发通知公示第一批中国传统村落名录，全国共有28个省（区、市）646个传统村落入选。此后，又分别在2013年、2014年、2016年、2019年、2022年进行了中国传统村落的评选。截至2023年3月19日，一共公布了六批中国传统村落名录，共有8155个村落入选，并实施挂牌保护制度。2022年、2023年，住房和城乡建设部、财政部连续两年公示了传统村落集中连片保护利用示范县名单，我国在探索传统村落长效保护利用机制上迈出了新的步伐。

　　传统村落是现存村落中历史文化价值和农耕文明遗存最丰厚，村庄格局形态和民居传统特色风貌保存最真实和良好的典型代表。传统村落被誉为农耕文明的"活化石"，拥有丰富的历史信息和文化景观，也是传承中华优秀传统文化的宝贵"基因库"，维系着中华民族最浓郁的"乡愁"。保护好、传承好、利用好传统村落，对弘扬中华优秀传统文化有着重要意义。

住房和城乡建设部、文化和旅游部等六部门在2012—2023年公布的8155个传统村落,已经成为世界上规模最大、内容和价值最丰富、保护最完整的农耕文明遗产保护群。2017年乡村振兴战略提出后,传统村落保护成为促进脱贫攻坚的重要措施,是乡村振兴战略的重要组成部分。

党的十八大以来,以习近平同志为核心的党中央高度重视传统村落的保护工作。习近平总书记指出:"农村是我国传统文明的发源地,乡土文化的根不能断,农村不能成为荒芜的农村、留守的农村、记忆中的故园。""乡村文明是中华民族文明史的主体,村庄是这种文明的载体,耕读文明是我们的软实力。"在如何发挥好传统村落在乡村振兴中的作用方向,习近平总书记指出:"搞乡村振兴,不是说都大拆大建,而是要把这些别具风格的传统村落改造好。"可见,传统村落的传承保护对于弘扬中华优秀传统文化、建设生态文明、发展乡村旅游、实现乡村振兴,都具有重要意义。

湘西土家族苗族自治州(以下简称湘西州)位于湖南西北部,以其悠久的历史、深厚的人文底蕴和独具特色的民族文化著称于世,也是中国传统村落最集中的地区之一。该州的传统村落申报与保护工作一直走在全国前列,截至目前,六批次共有178个村被列入中国传统村落名录,2020年被评为全国传统村落集中连片保护利用示范州。

中南民族大学作为国家民委直属综合性民族大学,一直以来把服务民族地区作为学校的使命,特别是学校的民族学学科更是成为直接服务民族地区经济社会发展的排头兵。学校民族学学科自20世纪50年代开始建设,经过数代人的努力,已经发展为我国民族学学科的重镇,学科建设水平处于全国前列,在最近两次的教育部学科评估中均位列A类。长期以来,学校与湘西土家族苗族自治州保持着紧密的联系,开展了多方面的合作,成为校地合作的典范。

2019年,经与湘西土家族苗族自治州有关方面协商,中南民族大学民族学学科启动该州中国传统村落调查项目,计划对湘西州8县(市)的中国传统村落进行一次全方位、深入的民族学、人类学调查,旨在通过专业的田野调查,进行系统的记录,形成一套完整的湘西州中国传统村落民族志丛书,为中国民族学积累来自田野的第一手材料。以湘西州8县(市)为单位,总项目下设8个子课题,各子课题根据对应县市列入中国传统村落名录的情况,遴选出118个重点传统村落开展调查,占湘西州中国传统村落总数的66.3%。

本次调查,遵循民族学、人类学学科的田野调查规范进行。在调查开始前,即对田野调查总提纲进行了反复研究讨论,确定调查总提纲后,又对参与调查的人员做了集中培训。按照统一的调查提纲,各子课题调查组(主要以中南民族大学本科生、硕士研究生为主),在指导教师的带领下于2019年暑假开始第一次田野调查。2020年暑假再次组织以硕士、博士研究生为主的调查。参与调查的师生来自中南民族大学绝大部分学院,包括民族学与社会学学院、经济学院、公共管理学院、教育学院、法学院、文传学院等,以及参与了第一次调查的管理学院、马克思主义学院、外语学院、美术学院、体育学院、资源与环境学院、生命科学学院、药学院、化学与材料科学学院。两次调查耗时两个月以上,参与人员达100多人,访谈对象上千人,获取的第一手材料上千万字。此次对湘西州中国传统村落的调查,堪称中南民族大学学科史上调查规模最大、参与人员最多、持续时间最长、调查对象最广泛的一次民族学、人类学大调查。

以第二次调查成果为主要依据,课题组编写了"中国传统村落调查"丛书第一辑八卷,分别为:《中国传统村落调查·湖南吉首卷》《中国传统村落调查·湖南凤凰卷》《中国传统村落调查·湖南龙山卷》《中国传统村落调查·湖南永顺卷》《中国传统村落调查·湖南花垣卷》《中国传统村落调查·湖南保靖卷》《中国传统村落调查·湖南古丈卷》《中国传统村落调查·湖南泸溪卷》。丛书各卷原则上以村分章,按照村落概况、文化遗产、自然资源、历史事件、村规民约等分类梳理,内容涵盖传统村落的地理生态环境、村落来源与历史、村落人口、物产与特色产业、经济社会发展状况、物质文化遗产、非物质文化遗产、自然资源与景观、重要历史事件与人物、村规民约等。丛书的编写,力求在铸牢中华民族共同体意识理论的指导下,将中华文化及各民族交往交流交融的视角融入写作过程中,系统、完整、全面、客观地呈现各传统村落的全貌,既重点梳理其历史人文脉络,又注重关照其当代发展与变迁。在写作方式上,按照民族学、人类学民族志的撰写方法进行,除文字外,各卷均配有大量田野实景图片,使文本更加生动直观,且更富有保存价值。

丛书由中南民族大学段超教授、田敏教授担任总主编,各卷分别由中南民族大学民族学学科多位博士生导师担任分主编,他们是:经济学院陈祖海教授(吉首卷)、中华民族共同体学院李吉和教授(凤凰卷)、民族学与社会学学院田敏教授(龙山卷)、教育学院康翠萍教授(永顺卷)、民族学与社会学学院柏贵喜教授(花垣卷)、法学院潘红祥教授(保靖卷)、中南民族大学副校长段超教授(古丈卷)、公共管理学院吴开松教授(泸溪卷)。各卷还根据工作情况另设有副主编。

本课题的调查工作自2019年暑假启动至今,历时4年多,其中一段时间受疫情影响,遇到许多现实的困难,历经反复,今天终于基本完成,丛书即将正式出版,可喜可贺。要感谢湘西土家族苗族自治州各有关方面的大力支持,是他们的帮助,使得本课题调研工作得以顺利开展。特别要感谢湘西州8县(市)和乡镇相关领导干部,他们对课题具体的调查工作给予了大力协助,使调查人员能够顺利进入村寨开展调查,收集资料。更要感谢各传统村落的干部群众,他们的热情好客、纯朴善良,给调查人员留下了深刻印象,大家心存感激。值此丛书出版之际,向以上所有领导、干部、群众对本课题的支持与帮助表示衷心的感谢!

丛书的出版,得到了湖北人民出版社马骏副社长、综合编辑部徐艳主任和编辑们的大力支持与帮助,出版社为丛书申请到湖北省公益学术著作出版专项资金的资助,为丛书的出版锦上添花。编辑团队来到中南民族大学,与各位主编和作者进行面对面的研讨交流,指导书稿的修改完善,确保了书稿的质量,感谢你们。

新时代新征程,以铸牢中华民族共同体意识为民族工作的主线,民族地区乡村振兴正如火如荼地开展。我们希望丛书的出版能为进一步传承和保护中国传统村落历史文化遗产,赓续地域特色鲜明的人文底蕴,为进一步铸牢中华民族共同体意识,加快推进乡村振兴发挥积极的作用,做出应有的贡献。

编　者

2023年6月19日

# 目录

## 第一章　大明村 / 1
一、村落概况 / 2
二、文化遗产 / 5
三、自然资源 / 10

## 第二章　双凤村 / 13
一、村落概况 / 14
二、文化遗产 / 21
三、自然资源 / 28
四、历史人物 / 30

## 第三章　砂土村 / 31
一、村落概况 / 32
二、文化遗产 / 36
三、自然资源 / 44

## 第四章　龙珠村 / 47
一、村落概况 / 48
二、文化遗产 / 51
三、自然资源 / 57
四、历史事件 / 58

　　五、历史人物 / 59

## 第五章　流浪溪村 / 61

　　一、村落概况 / 62

　　二、文化遗产 / 67

　　三、重要人物 / 75

## 第六章　西龙村 / 76

　　一、村落概况 / 77

　　二、文化遗产 / 81

　　三、历史人物 / 91

## 第七章　爬出科村 / 92

　　一、村落概况 / 93

　　二、文化遗产 / 97

　　三、历史事件 / 101

## 第八章　列夕村 / 102

　　一、村落概况 / 103

# 目 录

　　二、文化遗产 / 106
　　三、历史人物 / 114

## 第九章　西那村 / 116
　　一、村落概况 / 117
　　二、文化遗产 / 122
　　三、自然资源 / 130
　　四、历史人物 / 131

## 第十章　大井村 / 132
　　一、村落概况 / 133
　　二、文化遗产 / 135
　　三、历史人物 / 146

## 第十一章　芷州村 / 150
　　一、村落概况 / 151
　　二、文化遗产 / 153
　　三、自然资源 / 160

## 第十二章　伍伦村 / 162
　　一、村落概况 / 163
　　二、文化遗产 / 169
　　三、自然资源 / 177

## 第十三章　小溪村 / 180
　　一、村落概况 / 181
　　二、文化遗产 / 184
　　三、自然资源 / 192

### 第十四章 兰花洞村 / 194

　　一、村落概况 / 195

　　二、文化遗产 / 197

　　三、自然资源 / 207

### 第十五章 咱河村 / 211

　　一、村落概况 / 212

　　二、文化遗产 / 216

　　三、自然资源 / 225

　　四、历史事件 / 227

　　五、历史人物 / 227

### 第十六章 老司城村 / 229

　　一、村落概况 / 230

　　二、文化遗产 / 232

　　三、历史人物 / 238

### 后　记 / 239

# 第一章　大明村

　　大明村是永顺县石堤镇下辖的建制村,距离永顺县城45公里,离306省道9公里,是湘西土家族苗族自治州的一个特色传统村落。大明村东邻石堤镇且格村,南接石堤镇岩扎村,与出坪石永二级公路相连,西毗石堤镇新寨村,与车坪乡相接,北接石堤镇鸣凤村,与张家界市永定区塔坪乡长寿村驻马溪相望。全村下分11个村民小组,包括趴老虎、桐油站、上寨、下寨、中心、邹家、向阳、大明、高家、符家和作湖。2019年6月,大明村被列入第五批中国传统村落名录。

# 一、村落概况

## （一）地理生态环境

大明村风景宜人、景色秀丽、历史文化资源丰富,是武陵区自然文化和土家族社会文化发展的典型村落代表。大明村东邻石堤镇且格村,南接石堤镇岩扎村,与出坪石永二级公路相连,西毗石堤镇新寨村,与车坪乡相接,北接石堤镇鸣凤村,与张家界市永定区塔坪乡长寿村驻马溪相望。全村下分11个小组,包括趴老虎、桐油站、上寨、下寨、中心、邹家、向阳、大明、高家、符家和作湖,其中下寨位于"龟卧沙溪"之处,也是自然景观、人文历史最丰富之地,是大明村重点传统村落保护开发区。

## （二）村落来源

在大明村的历史长河里,流传最早的是彭氏祖先大麒携余氏于1688年由江西先迁于湖北荆州,又由荆州迁至湖南永顺大明乡水塔溪。相传余氏生下三子,名世爵、世明、世禄,其中世爵定居水塔溪,历经十多代人的传承和发扬,于2017年8月,水塔村与小黄村合并,更名大明村,后逐渐形成现在的大明村。彭氏祖先以劳动起家,以忠孝礼义待人,村民间互帮互助,共同发展,与其他村居民们友好相处,这为村落扎实和平的发展奠定了基础。

## （三）村落人口

大明村主要姓氏为彭姓,经过村落间的合并融合,向姓、田姓逐渐增多。村民共同编制了《村民自治章程》,包括法律法规、村委会制度、村民小组制度、村民代表会制度、村务公开制度、民主评议党员干部制度、"一事一议"制度以及违章处罚制度。同时提出了包括"热爱祖国,热爱中国共产党,热爱集体,学法知法、遵纪守法、同不法犯罪行为作斗争"在内的10条村规民约,以规范村民生产、生活中的行为。主要从基本准则、移风易俗、志愿服务、社会治安、邻里关系五大方面具体阐述。现今的大明村继承了彭氏祖先的祖训,也在新时代下发展了村民约定,在现代化潮流中保持着优秀的传统血脉。村中共有人口511户1841人,劳动力848人,已婚育龄妇女307人,其中外出务工人员932人。

## (四)物产与特色产业

村中共有7眼古井,其中桂花树古井最为神奇和神秘。古有彭姓神医将此树供奉多年的传说,相传诚心之人在桂花飘香时节前来取一碗井水,可以祛除百病。村中有一棵200年树龄的风水树,相传是修建庙宇时所栽,寄托着村民们对自然的崇敬、对生活的祈福。村中有一口古风水池塘,被誉为"天赐活水"。从四明山经大明村河流长20公里,深约12.5米,为了抵御洪水泛滥,19世纪以来沿河村民们自发组织兴修河道。为了便民生活,彭氏家族与全寨人修建了灌溉、浣洗、水利工程等,百年水碾现在成为大明村水利工程发展的历史见证。随着科学技术的发展,为了方便河道两岸的村民交

古井旁的桂花树(龚洪 摄)

流生活，以往的板桥、木桥发展成更为坚固安全的水泥桥，河道沿途将兴建10余座桥梁，现有8座桥梁已修建完成并投入使用中。

## （五）经济社会发展状况

大明村通过做实基础设施、基础产业、基础服务、基础文化四项工作，有效提升了脱贫实效。

基础设施。共修建产业机耕道18条，村组路3条，平板桥3座，滚水坝9个，河堤防洪保坎6千米，灌溉水渠2千米，完成道路硬化7.85千米，道路加宽7千米，户间道16千米；完成人饮工程和黄溪水库加固，确保全村安全饮水问题，11个村民小组全部通电话，网络、电视信号全覆盖。

基础产业。村里租地在村里发展种植和养殖，引导村民大力发展油茶产业，由原来的1500亩扩展到2000亩；争取永顺县经济建设投资有限公司投资1000万元，种植莓茶3000亩，解决了村民家门口就业和创收问题；面向全村，以奖代补，每亩补贴300元，发展烤烟和油菜200亩；发展红薯种植20亩，由村加工厂按每斤0.5元收购12万斤，脱贫群众受益6万元；免费为建档立卡户发放鸡苗6000羽、村养鸡场2000羽，建档立卡户每人增收400元；引导建档立卡户发展湘西黑猪养殖，全村养猪近100头，有效确保在家劳力增收。

基础服务。新建红薯、大米加工厂和榨油坊，由在家村级劳力控制性竞标，每年增加集体经济收入1.5万元；创办"烟竹溪"农家乐，每年增加集体经济收入1万元。

基础文化。大力弘扬民族文化，在传统木质房整修中极力展现土家族建筑文化；新建"怡兴亭"、水车等，并撰写大明村历史文化；组建大明村阳戏团，定期围绕"脱贫致富感党恩""幸福美丽大明村"等主题开展公益演出；村民自编自演，相继举办党庆、国庆等文艺晚会；引导村民晚饭后开展广场舞等文化活动，实现村民生活有目标、产业有发展、收入有保障、文化有传承。

## 二、文化遗产

### （一）物质文化遗产

#### 1. 古房屋

由于村子建于崇山峻岭间，夏季气候炎热，冬季寒冷，所以房屋取材都是具有冬暖夏凉特点的木材。但木材并不是直接接触地面，而是在下面垫上石头作为基石，一方面可以防止木材腐烂，另一方面也有利于房间通风。传统土木房屋（主屋）的结构包括1间堂屋、2间火塘（堂屋左右各1间）、2间睡房、1间灶房和1间储物房。

古房屋（袁立新　摄）

#### 2. 吊脚楼

家庭经济殷实的大户人家会在屋旁顺着地势另起一座吊脚楼，一般是2层楼，3间房结构，且高度不能高于主屋，吊脚楼之上成为家人休闲娱乐之处，之下形成储物室或是家禽圈养处。也有修建成四合院形式的大型住宅房即转角楼,更有甚者会在庭院中修建水池。村中最古老的一栋转角楼建于1896年,此楼经历1948年的大火灾,仍有部分幸运地保存下来,成为当地的历史文物古迹。此外,村中还保留着1910年至1932年间修建的传统民居。村民聚集地形成的村寨,房屋错落有致,邻里间靠着青石板相连接。最古老的青石板修建于19世纪90年代,由彭氏祖先于此修建。

吊脚楼(袁立新 摄)

### 3. 木板房

大明村的板房看似简单,其中蕴藏着土家族人的智慧和美学,以及对自然的崇敬和家庭幸福和美的祝愿。木板房一般具有东西朝向、半干栏结构、木墙青瓦的特点。村民的智慧体现在房屋的木材选用挺直、易生长、粗大的柏树为主,同时具备了冬暖夏凉的特点。为了防止其腐坏、被虫蛀,房屋落成后会在屋内外涂刷桐油,以延长房屋的使用寿命。在修建时为了防潮,会用石墩垫高房屋地基,留出的空隙便于通风。工匠们的工具也是极简单的量具、手工锯、木工刨、木锉刀、手工凿、木砂纸等,凭着多年的经验,就能修建好一座木板房,这样的经验代代相传保存至今。此外,依山而建的村落,遇到上坡下坡时,村民会在楼梯旁修建斜坡,方便运送物品。大明村木板房的美学体现在不管是外形还是内部结构,都呈现出恰当的比例和层次有序的对称,具有静中见动、动中趋向统一的灵巧多变的均衡感。单调的木头在木匠的雕刻下变得多姿多彩,房梁上的精致花纹既体现着工人精湛的技术,也体现着土家族的风俗特色。青瓦在木板房中除了遮风挡雨,也具有装饰作用,屋角和屋顶角常用青瓦堆积出一个翘角,让规规矩矩的房屋显得不那么刻板,多了些许的俏皮。而屋顶正中村民们也会用青瓦堆积出不同造型,有的会将瓦片横铺堆积成一个平角的三角形;有的会将瓦片竖起来组成一个圆形,再在圆形中摆出自己喜欢的造型;有的利用竖着的瓦片搭建出多个圆形,组成一个立体的、镂空的屋顶造型。这个小小的变化让村中的房屋变得同而有异,更有灵性。

土家族木板房屋顶(龚洪 摄)

## (二)非物质文化遗产

### 1. 传统技艺

除了传统的木匠工艺人,还有人掌握着传统竹编技能,能够将竹子编织成篮、筐等器皿,用于日常用品的存放。竹子干脆利落,开裂性强,富有弹性和韧性,而且能编易织,坚固耐用,因此成为器皿编制的主要材料。传统竹编工艺有着悠久的历史,富含着中华民族劳动人民辛勤劳作的结晶,竹编工艺品分为细丝工艺品和粗丝工艺品。竹编工艺大体可分起底、编织、锁口三道工序。在编织过程中,以经纬编织法为主。在经纬编织的基础上,还可以穿插各种技法,如疏、插、穿、削、锁、钉、扎、套等,使编出的图案花色变化多样。需要配以其他色彩的制品就用染色的竹片或竹丝互相插扭,形成各种色彩对比强烈、鲜艳明快的花纹。竹编物品既有实用价值,又具装饰价值,手艺人可将竹子编织成各种造型,构成各种各样的图案,再经过一些特殊的着色工艺,传统的竹艺品色彩愈加丰富多彩。

## 2. 传统节日

大明村由于受地理位置的影响,四周环山,在这里的原始居民受外界环境影响较小,还保持着传统的生活习俗。

(1) 赶年

土家族极具特色的赶年,村寨里面一直保持着。每进腊月,过年的气氛便渐渐地浓了起来,杀年猪、推豆腐、打粑粑、贴对联、置办团年饭菜等,这种喜庆的气氛持续到正月十五后。过年是土家族最重要的节日,从内容到形式比其他节日都要隆重,持续时间也最长。土家族过年比汉族过年要早一天,即月大过腊月二十九,月小过腊月二十八。土家族将这种比汉族提前一天的过年方式叫作过赶年。

过赶年的习俗,表达了土家族人对美好生活的追求,以及对大自然恩赐的感激。过赶年习俗中,也体现了一种和谐的亲情与和睦的人际关系,其内容的丰富多彩,时间之长,都具有很重要的历史、艺术和文化研究价值。它对于提升亲情关系、增强社会凝聚力、构建和谐社会具有极为重要的意义,可以说,土家族的过赶年起着一种社会调节器的重要作用。

(2) 端午节

端午节也是大明村土家族人必过的节日。节日一到村民们开始忙碌起来,摘粽子叶,准备好糯米、馅料,约一个好日子大家聚集在一户村民家中。大人们有的清洗着新鲜摘采来的叶子,有的淘洗好糯米,有的生火暖灶。小孩子们放假归来,在田野间、树林处、屋场前撒欢了玩,时不时跑来大人们的工作区催促什么时候开始包粽子。洗好的叶子,在手中一卷,放入糯米、馅料,再一折,用绳子一捆,饱满的粽子也就包好了。

## 3. 婚丧习俗

大明村土家族的婚丧文化具有其独特的风格。传统婚嫁习俗可分为两个阶段。第一阶段是婚嫁前奏曲,包括拖媒、合八字、订婚、认亲、报期和哭嫁。其中哭嫁最为出名,在婚前的十天半月之内,准新娘邀约邻近女友,帮忙做针线活。银针闪烁,彩线飞舞,姑娘们边哭边做,哭而不悲,哭而似悲,哭中寓乐,似哭实乐,唱哭间杂,虚虚实实,真真假假,哭声悠扬婉转,极富乐感,流露出土家族姑娘的天真率性。其内容有哭爹娘、哭哥嫂、哭姊妹、哭祖人等。第二阶段是婚嫁进行时,包括过礼、女方花圆酒、踩斗、露水伞、坐床和出拜。现如今村中婚嫁习俗有所简化,托媒、合八字、订婚、过礼、坐床、出拜等习俗尚存。村民更认为婚嫁是件大喜事,女儿、儿子们成双成对日子越来越好,也便不再哭嫁,只是嫁女之日,女方亲人还是会流下不舍之泪。

土家族的白事同样也是家族中大事,家中有人离世,家人们会请当地道士前来作法。如哭嫁习俗一样,哭丧也是土家族人的习俗。逝者遗体置于堂屋之中,家中孝子须跪于灵堂前哭诉对亲人的不舍和思念等。面对死亡,土家族人有着自己的认识,家中老人在世时,会提前

当地村民婚嫁景象(龚洪 摄)

准备好自己去世后的用品,也会请值得自己信赖的风水师物色好风水宝地。土家族人的婚丧文化体现了父母对子女的关心和疼爱,父母为子女无私奉献、操劳一生的观念,面对死亡也是表现得十分豁达与淡定。

### 4. 阳戏

阳戏是一种地方戏,具有较强的本地特色,每个地方阳戏都有各自的特色。大明村阳戏也随着历史的发展形成了本地的特色,现存的主要表现形式有剧目、唱腔、表演、念白。节日期间村里组织活动,大家演出前每天上午干农活,下午至晚上,集中在一起排练节目。

有时还会组织村里组与组之间的竞赛,获胜的组有机会代表全村继续征战,为村争光。

## 三、自然资源

### （一）自然景观

水塔溪是大明村的著名特色景点，位于石堤镇上游四明山下。这里山深林密，草木茂盛，小溪潺潺，竹林如海，基本保持着原始面貌。水沙溪四周高山环绕，东有天马山起伏不断，桥顶山、马鞍山紧紧相连，层层叠叠；南有青龙山气势磅礴；西有龙洞双泉水静静流淌；北有桂竹岗、元井山、偏坡山等五座山岗挺拔于水塔溪内，像是五匹强壮健硕的骏马奔腾而来，故此古有"五马会朝"之称。因为有山的间隔，流水为之改道，山间两条溪水从远方潺潺而来交汇后流入水沙溪，溪水清澈见底、清冽甘甜，终日流淌不断。双溪溪水绕着青龙山弯弯曲曲、延绵不断继续向下游流去，穿过岩门途经龙洞至石堤溪与其他溪水汇合相聚形成更大的河溪，向着更远方的猛洞河不断向前。双溪之水进入水沙溪缠绵交汇又与山峰相绕恰巧形成一个品字形的地势，古人将此地称为"一品当朝"。俯瞰水沙溪，因山势水流的影响，有一个沙洲活像一只乌龟，自古称作"乌龟山"。

大明村著名的八大景点也在天地灵气之地诞生。青龙山中的千年樟木万年长青，四季绿荫，水流从坚硬的巨石之间缓缓流出，就像是从张着的嘴巴齿缝之间流出，此水取之不尽、用之不竭，当地村民称之为"狮口流泉"。"五马会朝"立于天子山内，苍翠的群山重重叠叠，宛如海上起伏的波涛，汹涌澎湃，雄伟壮丽。村中"一池清水"也成了世人称赞的对象："一亩古塘巧凿开，楼台当作钓鱼台。蓑衣不钓寒江雪，只等龙门双鲤来。"传说村里有一口天然大水井，此井水源不断，春夏清凉，

神奇乌龟石（袁立新　摄）

秋冬温暖,雨季时分或是冬至,井中会有一股热气冒出,被当地人称为龙洞,井口吐雾之景也被称为"龙洞朝云"。三座山峰笔直挺立在村中,直上云霄,故有"笔架凌云"之景。乌龟山坐落于水沙溪之间,俯瞰此景犹如一只大龟卧于山水之间,此景称为"龟卧沙溪"。"青山暮鼓""板桥烟柳"已残破消逝,美丽神秘的景色只能在世人的口口相传中而知。

## (二)植物资源

莓茶作为大明村一大特色,又被称为神仙草、长寿藤,具有抗菌、消炎、镇痛的作用,也是目前发现的所有植物中黄酮含量最高的、营养丰富的野生植物之一,被称为黄酮王。此茶入口味苦,却回味甘甜。

莓茶的制作过程:莓茶种

莓茶(袁立新 摄)

晾晒莓茶(袁立新 摄)

植在山林间，每当茶叶成熟之时由专人前去采摘最新鲜的原材料；进入制造厂先放在室内摊放；放入烘干机把多余水分烘干；放入揉捻工具中进行充分揉捻搅拌；放入室外晾晒；收回室内晾晒准备打包。

（本章由龚洪撰写）

# 第二章　双凤村

　　双凤村是永顺县大坝乡的一个建制村,也是一个典型的土家族原生态古村落。双凤村地处永顺县城西南方,距县城25公里,距乡政府12公里,是猛洞河景区的景点之一。村寨坐落在海拔680米的山冈上,印证了"自古以来土家村寨散处溪谷、所居必择高峻"这一显著的居住特点。这里保留着土家族最原始的民族文化特色,土家语是村寨的特色语言,同时此地也被誉为摆手舞和毛古斯舞之乡,是目前中国保存最完整的土家族民俗文化村之一,被称为"中国土家第一村"。1993年,双凤村被国家民委定为全国土家族民族调研基地;2019年1月,双凤村被列入第七批中国历史文化名村;2019年6月,双凤村被列入第五批中国传统村落名录。

# 一、村落概况

## （一）地理生态环境

### 1. 地形地貌

双凤村坐落在海拔680米的山冈上，该村最高处海拔750米，最低处海拔300米。境内山峰突兀，坡陡沟深，主体山为九龙山。双凤村地区水源缺乏，交通不便。

双凤村全景（袁立新　摄）

### 2. 地质

双凤村地区土质为板页岩发育的青沙泥土，土壤肥沃，含磷量高，质地疏松，团粒结构好，呈酸性。

### 3. 用地

据统计，全村总耕地面积186亩，其中旱地26亩，水田160亩，人均旱涝保收面积0.3亩。全村有土地面积6400亩,实际旱地有近1000亩。

### 4. 气候

该地四季分明,湿度大,多雾,年平均气温为18℃,最高日平均气温为35.5℃,最低日平均气温为-7℃,无霜期266~277天,年均降水量为1357毫米。

## (二) 村落来源

### 1. 村名来源

双凤村最初名为"双且",后为"双凤栖",再后来为"双凤"。土家语中"且"音意为"山坡",而"双且"的土家语意为"坐落在山坡之上"。而从"双且"变为"双凤"的一种解释是,永顺县的汉语方言属于汉语北方方言西南官话,与普通话语法基本相同,语音接近,词汇差别较大。

还有一种解释是,"双凤"是土家语"梭峰"的汉语译音,土家语"梭"是"三"的意思,"峰"是"水井""泉眼"之意。一条小河——双凤溪穿寨而过,村寨因小溪而得名。

此外,双凤村还有其他的名字,如"双丰""双峰"。

双凤村村口(袁立新 摄)

### 2. 历史沿革

村寨的老摆手堂旁边有一座"源远流长"碑,立于民国二十九年(1940年),是老一辈人为制定村寨的彭氏字辈而立。碑文里没有明确指出双凤村的建村年代,只道"我彭氏自李唐来,世居溪洲穿官隆",可能是指该村的村民从李唐开始建寨,但更有可能是指在唐朝之后的后梁开平四年

(910年)彭士愁被楚王马殷派为溪洲刺史,开始建立彭氏土司王朝。

据说,2000年前,彭姓和田姓人为了躲避战乱途经这里。当来到对面的山坡上时,正是太阳初升的时候,在朝霞的映照下,他们看到对面的两座山很像两只朝阳的凤凰,相对而立,翩翩起舞,呈现出"双凤朝阳"的祥瑞景象。由此感叹:这必定是一个吉祥的地方!于是,他们便在此停留,借水灌溉,伐木建房,繁衍生息,并将此地叫作"双凤"。也许是应验了"吉祥的地方"之说,双凤村人丁兴旺。很快,有限的土地和水源不能再满足村里人口的生产、生活需要,在不同的时期,不断有双凤村的后代向外迁徙。最后,七个由双凤村外迁的村寨,在双凤村的周围如拱月的星星散布开来,这八个村子合起来就叫作"七寨半"。

### 3. 行政区划

双凤村一带最早设有行政管理机构的时间可以上溯到战国时代,当时属于楚之黔中地。五代时,后梁开平四年(910年)楚王马殷以彭士愁为溪州刺史,彭氏拥地自雄,自置永顺等州。永顺之名始于此。清雍正五年(1727年),永顺改土归流,彭氏八百余年的土司制度被废止。清雍正七年(1729年)置永顺县。

民国元年(1912年)2月,裁县留府,次年9月裁府改县。民国二年(1913年),永顺设立18个保。双凤村隶属洗车保。之后,永顺县又多次变动政区。

1949年10月19日,永顺县解放。中华人民共和国成立之初,凤凰、乾城、永绥、泸溪等县和永顺、龙山、保靖、古丈等县分属沅陵专区和永顺专区。1952年8月,湘西苗族自治区成立,辖吉首、古丈、泸溪、凤凰、花垣、保靖6县,代管永顺、龙山、桑植、大庸4县。年底,4县亦属直接管辖。1955年3月,湘西苗族自治区更名为湘西苗族自治州。1957年9月,湘西土家族苗族自治州成立,辖原管10县。1982年和1985年,吉首、大庸先后改县为市。1988年,大庸市和桑植县划归大庸市(地级市,即今张家界市),湘西州下辖龙山、永顺、保靖、古丈、花垣、泸溪、凤凰和吉首市至今。

中华人民共和国成立之初,永顺县设置11个区。双凤乡隶属第一区。1951年11月,永顺县撤区并乡,双凤乡并入小井乡,1952年并入大坝乡。1952年6月,全县完成土地改革,12月颁发土地证。1953年底成立3个互助组。1955年春,试办农业生产合作社,1957年转为高级社。1958年,和平人民公社成立。双凤村成为和平人民公社下的一个管理区,下面设立三个作业组。1961年10月,全县进行人民公社调整,管理区改为大队,作业组改为生产队,实行三级所有、以生产队为基本核算单位的新体制。1981年,开始实行家庭联产承包责任制。1984年,人民公社改乡,大队改为村委会,双凤村作为一个建制村隶属和平乡。2005年,永顺县调整乡镇行政区划:撤销5个乡,将12个乡、6个镇合并设立2个乡、6个镇,调整4个乡、6个镇的部分行政区域,共减少15个乡。其中和平乡、大坝乡合并设立大坝乡,自此双凤村归为大坝乡。

## (三) 村落人口

### 1. 人口构成

双凤村村民基本上为土家族人。1957年1月3日,中共中央统战部电告湖南省委,正式确定土家族为单一民族。在这个过程中,永顺有一人和一地做出了关键的贡献。

所谓"一人"是指永顺县的田心桃女士。1950年,田心桃女士(祖籍湖南省永顺县和平乡)以少数民族代表的身份参加首届国庆盛典,当在民族类别一栏填写时,组织上替她填写为苗族(田心桃当时在湖南湘西苗族自治区永顺专署所在地工作,即今湘西土家族苗族自治州所属的永顺县),她却反复强调,自己是土家族不是苗族。党中央领导对此高度重视,召集潘光旦、王静如、汪明瑀、严学宭等学者,组成了联合调查组,深入现湘西州的永顺、龙山、保靖等地考察。在永顺的彭秀模、彭秀盘、彭秀枢,龙山的田剑秋、田荆贵、严平权,保靖的彭司续、彭武英等同志的倾力相助之下,经过几年的辛勤研究与实证,最终认为土家族是一个单一的少数民族,后又被国家和世界认可。"一地"就是双凤村,它为国家确定土家族为单一民族提供了极为重要的民族标识和物证。

### 2. 人口资源

截至2019年8月,双凤村有96户,283人,全为土家族。

1950年,双凤村有49户,221人。之后,随着生活水平的提高和各种条件的改善,村里人口有一定的增长。但是,由于双凤村地处山冈,满足人口增长的物质条件有限,加之交通条件的制约,当地的资源不能被很好地加以利用,而且历史上该村就有不断向周围及坪坝地区迁徙的传统,人口外流一直存在。20世纪90年代以来,外出做生意及打工的人数不断增加,也加剧了人口的向外流动。经过了半个多世纪,双凤村的人口相对于其他地区增长速度并不算快。

在家庭规模方面,总体呈现为缩小的趋势,每户家庭规模都不算大。1950年时,家庭平均人口为4.15人;计划生育实施后,人口规模开始缩小,到1990年,家庭平均人口只有3.39人;若按照官方统计数据,2003年全村共有96户、325人,平均每户为3.38人;按照现有实际人口,家庭规模呈现出缩小的趋势。

### 3. 姓氏情况

村寨姓氏中,除了田姓、王姓、陈姓及唐姓外,其余均为彭姓。田、彭两姓之外的其他人都是后来搬至此处。双凤村建寨时,只有彭姓两兄弟和一个田姓人。后来,彭姓子孙越来越多,田姓子孙却始终较少。田、彭两大家族中,彭姓在村里占多数;而彭姓家族中,三房又占多数。

## (四)物产与特色产业

### 1. 农业耕作

历史上双凤村种植的粮食作物主要有水稻、玉米、小麦、土豆、大豆等。双凤村的粮食生产自给有余,但目前由于人口外迁、劳力不足,村民多依靠附近集市采购外来粮食。

农村电子商务服务站(袁立新 摄)

### 2. 经济作物

经济作物主要有油桐、油茶、油菜和茶叶。一直以来桐油和茶油业都是双凤村的支柱产业。

菜籽油是双凤村村民现在的主要食用油,但油菜种植受天气影响大,其产量很不稳定。

茶叶种植一直是双凤村的主要产业之一。双凤村种茶自然生态条件得天独厚,茶叶品质优良。村民发挥本地优势,大力发展茶叶经济,并将茶叶种植确定为双凤村经济发展的支柱产业。2002年,村里打出了"双凤栖茶"的品牌,并参加了在湖南沅陵县召开的"湘、鄂、黔、渝武陵山区茶叶评比",荣获"优胜一等奖";之后不久,"双凤栖茶"又参加了湖南茶叶学会举办的"湘茶杯"竞赛,荣获银质奖。通过这两次评比,双凤村茶叶名气大振。"永农翠"绿茶是双凤村的特产,由清明前采摘的福鼎大白茶加工而成,色泽翠绿,香气持久,滋味醇美。

### 3. 家庭蓄养业

在家庭饲养方面,双凤村家畜家禽的品种与湘西大部分地区相差不多。鸡、鸭主要用于自给。猪主要用于出售,是村民的主要收入之一,包含母猪、仔猪和肉猪。牛主要用于耕地。

此外村民还养蜜蜂。双凤村地区生产蜂蜜,尽管村子里住户不多,但仍有一部分人在养蜂。村民们的养蜂方法传统,蜜蜂养殖在这里并未形成气候。

### 4. 旅游业

双凤村打响了在国内的知名度后,逐渐开始尝试开发旅游业。过去,一些慕名而来的游客到村内赏景,却无处留宿,一天内便离开此地。2020年,村中第一所民宿建成,坐落于村寨高处,隐匿于深林之间,适于游客短期留宿观景和体验生活。民宿观景台由纯竹木材料建造,颇具古风,店内的菜肴也独具土家风味。

双凤村民宿(袁立新 摄)

民宿观景台（陈玥 摄）

民宿菜肴（陈玥 摄）

## （五）经济社会发展状况

过去，对双凤村人来说，一辈子最大的支出就是建房子和娶亲，而如今在这两个方面都出现了与以往不同的特点。建房热情降低是近年来双凤村村民消费中的一个最大的变化。造成这种情况的原因有两个。一是外出务工的村民越来越多，停留在外面的时间越来越长，这就在客观上造成了对住房需求量的减少。二是双凤村青少年儿童一般在县城上学，父母或是在外务工，或是在县城陪读，寒暑假期间才会回到村里。近年来，该村依托文旅资源培育特色优势产业，积极发展茶叶及生态养蜂业，并借助旅游升温不断拓展销售市场，实现了生态生产、绿色增收。

## 二、文化遗产

### （一）物质文化遗产

#### 1. 民舍

双凤村的民居是完整的古建筑群，建筑非常独特，全部为木板结构，黑瓦木墙，构造简洁，多为三柱四瓜与五柱四瓜穿斗式排架结构，村舍并无统一朝向。房屋取材多是具有冬暖夏凉特点的木材。但木材并不直接接触地面，而是在下面垫上石头作为基石，一方面可防止木材腐烂，另一方面也有利于房间通风。

传统土木房屋(主屋)的结构包括1间堂屋、2间火塘(堂屋左右各1间)、2间睡房、1间灶房和1间储室。通常,主屋外还会建有一座单独的小型吊脚楼。据说土家族最早建立吊脚楼的目的是保护家中儿童的安全,成年人干农活时,将孩子放置在吊脚楼的二楼,周围建起较高的栏杆以防止儿童被山中下来的野兽叼走。后来,居民们开始在木屋和吊脚楼的装饰上进行创造,吊脚楼屋顶四角的砖瓦层层叠合,四个角高高翘起,楼间的栏杆刻了整齐的雕花,朴实中又兼具实用和美观。

古建筑群(袁立新　摄)

吊脚楼(袁立新　摄)

村中的普通民舍,每家每户都保留着原本古老房屋的木质特色。为了保留双凤村的独特建筑风格,建造民舍均未采用任何砖质材料。

一些相对富裕的家庭还会在屋旁顺着坡势另起一座吊脚楼,一般是2层楼,3间房结构,且高度不能高于主屋,供未婚子女居住。现在,村中的吊脚楼大多数都已不存在

(因破旧而被拆除),基本上每家人只有一栋主屋。主屋进门正中一间是堂屋,堂屋正前方的板壁中央供奉着祖先牌位,板壁的左下方凿有通向储物屋的小门,里面用来堆放粮食、杂物等。火塘屋每家每户都有2间,分别位于堂屋的左右两边,火塘屋中央有一个石制的1米见方的坑,是用来生火取暖、熏腊肉的。没有灶房的人家就在火塘屋里做饭、烧水、吃饭。有时也在火塘屋招待客人。火塘屋的背后是睡房,通常儿子和媳妇住在位于左面的火塘背后的房间,"老把势"(这里指父母)住在右面的火塘背后的房间。有灶房的人家总是起一个很大的灶台,大约1米宽,2米长,一般装3个大小不一的灶,用来煮饭、烧水。土家房屋的建筑还有一个很明显的特点——门多。对着堂屋的正门有三道,每一扇都很高,火塘、睡房、厨房一般都有两道门。这样的结构使得房屋间间相连,同时也改善了房屋的采光和通风效果。房间的窗子都是木格窗子,既不装玻璃,也不糊纸。大门中部一般雕上菱形的格子花纹,有钱人家也会雕漂亮复杂的纹饰,如戏曲人物。房屋的大梁两端刻字,或是刻"乾""坤"二字,或是刻"富贵""双全"大字(对称分布)。

### 2. 摆手堂

双凤村摆手堂,始建于明万历十八年(1590年),重建于清咸丰五年(1855年),属明清古建筑。相传,明朝时期,双凤村因发展繁荣,人口密集而选择在周边另立村寨,因此陆续有了沙湖寨、八吉寨、反坡寨、新寨寨、坝科寨、利布寨、召且寨(为半寨),也就是"七寨半"的诞生。为了祭拜祖先,七寨半商议在双凤村建立摆手堂,由寨主彭金门率先祭祖奠基,然后,再由其余各寨主一起动土奠基。摆手堂建立的一大主要功能是庆祝节日,活动从每年正月初三开始,由各寨主端着猪头腊肉、豆腐等祭拜祖先,接下来大家一起跳摆手舞,相传跳八天。此外,还有唱灯戏、唱山歌、唱土地神、跳狮子灯等。

摆手堂建筑特点:吊脚楼式,四排三间,五柱八骑,木质结构,穿斗式。外部整体的深色调木质外墙与深灰色屋顶使这片建筑显得格外庄严。走

摆手堂正门（袁立新 摄）

土王祠（袁立新 摄）

进摆手堂大门,内部的中心建筑——土王祠从正面映入眼帘,显得十分神秘,庭院左侧是一条与其风格一致的长廊,廊檐挂着一排复古红色的灯笼。

走进土王祠,屋内正前方供奉着双凤村土家族人的先祖——田好汉和向老官人。东汉典籍《酉阳杂俎》记载:田疆,乃五溪夷。"疆"通假于"强",田疆即田强,就是田好汉。《后汉书》记载:东汉建武二十三年(47年),武陵蛮精夫相单程等大寇郡县。"相"通假于"向",相单程即向单程,也就是向老官人。

土王祠内仍摆放着乐器和大鼓,鼓架上贴着村民手写的摆手舞中的单摆、双摆、回旋摆、砍杂子、叉杂子、撒小米、接麻、挽麻等一系列独特的动作名称。

### 3. 石磨

村中接近出口处,有一口巨大的石磨。该石磨早期用于磨玉米或稻谷。其最大的特点是能够在河道水流湍急时借用水力来推动运转,大大减少了工作时间以及降低了人力成本。如今该地也成为村中的独特景观。

### 4. 古树

村中植被丰富,仍保留有一些古树,部分古树具有数百年的树龄,陪伴着双凤村创造历史,绵延至今。

古树(袁立新　摄)　　　　　　　　古井(袁立新　摄)

### 5. 古井

村中有七八口古井,为前人所建造,数百年来一直是村民饮水、用水的源头。古井一般建在高处,下方沟渠引流,井水下淌成溪,水质清澈、口味甘甜。

## (二)非物质文化遗产

### 1. 土家语

在双凤村,土家语仍然是通用语言。为了保留土家语的传承,双凤村有老人自发地开办土家语培训班。每年7月至8月免费组织村中学生到家中学习土家语。由于土家语没有具体的文字,一般都会采取音译法讲授和学习。

## 2. 传统音乐

（1）哭嫁歌

在双凤村土家族人的整个婚嫁过程中，最有特色的就是哭嫁。哭嫁，是新娘出嫁前进行的哭唱仪式，也是土家族最独特的婚俗活动之一。通常是新娘在出嫁前近一个月的时间里，一直由母亲、嫂嫂、婶婶、伯母等已婚妇女以及和自己相处甚好的未出嫁的小姐妹们陪同哭唱。哭唱的内容包括哭离别、哭梳头、辞别祖宗、骂媒等。在语言上，早期的哭嫁歌唱的是土家语，歌词来源于生活和情感，直白自由，没有固定的韵律；后来由于民族文化之间的交流融合，哭嫁歌语言逐渐转变为汉语，开始讲究句式和韵律，歌唱起来更加押韵且具有意境。

土家哭嫁（袁立新 摄）

（2）盘歌

土家族的盘歌一般采取一问一答的形式，问得具体形象，答得生动贴切，和谐生动，内容丰富，富有情趣和生活哲理；声调高亢激昂，婉转动听；节奏灵活自由，歌词内容临场自编，妙语连珠。盘歌显示了劳动人民的智慧。

（3）情歌

情歌是土家族男女表达爱慕之情的方式之一。当男方对女方有了好感以后，会采取唱情歌的方式来表达爱意。双方定亲后，如在劳动过程中遇到对方，两人也会采取唱情歌的方式传达爱意，即便隔着山头依然会唱。

## （4）山歌

唱山歌是土家族人民最喜爱的一种情感表达方式。歌词往往取源于日常生活中的各种活动内容和所处的不同场景带来的感受以及民众内心的真情。内容自由，随口传唱，直抒胸臆。双凤村近些年在传承山歌文化方面做出了较大的贡献，村里每年都会举办山歌大会，邀请来自各地的土家族、苗族山歌传承人，进行山歌擂台赛，加强各地山歌传承者的交流，并呼吁共同努力保护和发扬这些流传至今的山歌文化。

### 3.传统舞蹈

（1）毛古斯舞

毛古斯舞是土家族古老而原始的舞蹈。从其服饰、道具到表演形式、表演内容，毛古斯真实地再现了父系社会至五代时期土家族人的渔猎、农耕生产生活及婚姻习俗状况。"毛古斯"们赤身裸体的肌肤上扎满了茅草，每股5块，腹前捆有一条尺余长并用红布包头的草把，结草为衣以示先民不会织布做衣，腹前所捆之物代表人类繁衍。每场都有简单的情节和人物对话。主要人物有老毛古斯、小毛古斯、土王派来的人、拐子等。传统的毛古斯表演，一般有6场，分别是扫堂、烧山挖土、赶肉、钓鱼、学读书、接新娘。据传，古时候，有一位土家族青年独自下山去学习农耕技能，学成后急于赶回山寨传授技能，一路风餐露宿，一身衣服被山林中的荆棘撕扯成碎片。他回到山寨时正逢土家过赶年，寨中男女老少正在举行盛大的节日庆典。他衣不遮体，不敢露面，只好躲在杂草丛中观看，不料被人发现，他便急中生智扯了一些茅草披在

毛古斯舞（袁立新 摄）

身上,走进人群中,用舞蹈的形式向乡亲们传授所学到的农耕技能。后来,土家族人为了纪念这位传授农耕技能的先祖,每逢还愿、祭祖、丰收、节庆时,都要跳起欢快的毛古斯舞。

(2) 摆手舞

摆手舞是土家族古老的传统舞蹈,它集舞蹈艺术与体育健身于一体。摆手舞分大摆手和小摆手两种,其鼓点和动作多样,反映土家族人的生产生活,包括村民农耕劳作及狩猎等活动的各种细节。每年正月初三,附近几个寨子都会派人来双凤村跳摆手舞。

**4. 服饰工艺**

《永顺府志》记载:土司服饰不分男女,皆一式头裹刺花巾帕,衣裙尽绣花边。每逢岁时节气,各官社巴下乡,俱令民间妇女歌舞。清朝实行改土归流时,清政府对土家族男女服饰制定了所谓的禁革"陋习"条款,要求"服饰宜分男女"。至此,土家族男女服饰发生重大变化,女多穿满襟,男穿对襟,包头巾,均穿扭裆裤,但男女样式有别。1949年以后,双凤村土家族人的服饰改变很大,平日里村民已经很少穿民族服饰了。

## 三、自然资源

### (一)自然景观

双凤村地处深山,森林植被茂密,云雾缭绕,形成了天然的雾绿色美景。沿途行进中,四处可见大片竹林,深处清流潺潺,水草茵茵,花木繁盛,蝴蝶在丛间飞舞,鸟儿在枝上跳跃,自然环境无比清新。站在村落高处环顾四周,群山连绵,颇具浩瀚之感。向外远眺,大片的耕地和果园映入眼帘,绿意盎然,宛如一幅画卷。往下望去,古老的木屋好似镶嵌在一块碧绿的翡翠中。山顶之上,凉风习习,让人精神愉悦。

双凤村的自然环境充满了力量和美感,蕴含着大自然的魅力与厚重的文化背景,是一个绝佳的自然生态旅游胜地。

第二章
双凤村

宛若仙境的双凤村（袁立新 摄）

## （二）动植物资源

### 1. 动物资源

动物资源主要有鸟类、鱼类、蛇类和哺乳动物。鸟类主要有锦鸡、竹鸡、野鸡、斑鸠、地鸡、秧鸡、雪鸡、土寒鸡、乌鸦、喜鹊、猫头鹰、猴面鹰、画眉、布谷鸟、八哥、麻雀等。鱼类主要有娃娃鱼、团鱼、鲤鱼、鲫鱼、草鱼、白条子、刺鱼、黄鳝、泥鳅。蛇类主要有五步蛇、金环蛇、银环蛇、土恶蛇、青竹标、鸡公蛇、秤杆蛇、黄金条、王头蛇、乌梢蛇、水蛇、菜花蛇等。哺乳动物主要有野猪、野兔、竹鼠、野猫、刺猬、狐狸、狸猪、松鼠等。

### 2. 植物资源

双凤村植物资源十分丰富，有各种生态林、用材林、经济林、薪炭林。生态林主要有枫香树、冈树、柏树、榉木树、雷公子树、苦栗树、猴栗树及马灵光；用材林主要有松树、杉树、柏树；经济林主要有茶叶树、油茶树、油桐树、板栗树、桃树、梨树、李子树、楠竹等。村中深处，茂林修竹，一片蝉鸣。

29

花卉植物主要有兰花、紫荆花、樱桃花、映山红、百合花、牵牛花、栀子花。

### （三）药材资源

主要药用植物有何首乌、茯苓、金银花、五倍子、天麻、黄连、灵芝、麦冬、七叶一枝花、小蘗、天门冬、天葵子、山木通、天花粉、天南星、乌药、石菖蒲、白芍、茜草、草无、毛姜、威灵仙、南沙参、党参、射干、黄荆、黄药、白岌、白前、白薇、白茅根、玉竹、龙胆草、百合、百部、苦参、青木香、金果榄、贯众、常山、续断、紫草、隔山香、九里光、小伸筋草、马齿苋、土茵陈、凤尾草等。

## 四、历史人物

彭英威，男，土家族，生于1933年，永顺县大坝乡双凤村人，湖南省第二批国家级非物质文化遗产项目传承人。6岁开始跟父辈学演毛古斯，1997年，在全县"舍巴日"活动中由他领演的毛古斯舞粗犷豪放，刚劲激昂，让人们领略到远古时代的原始艺术，被称为"永顺县土家族毛古斯的掌门人"。

（本章由陈玥撰写）

# 第三章　砂土村

砂土村是永顺县泽家镇下辖建制村,以砂土组和利比洞组两个组为中心。村落三面环山,群山环抱,山泉水与井水互相交融,养育着一方人家。眺望整个村寨,四周绿树成荫,农田、小楼、畔山和竹林错落有致,层峦叠嶂,犹如一幅生动的画卷呈现在眼前。同时,建筑依山就势而建,多为传统木质吊脚楼,精致而古朴,汇集民族建筑精粹,保留着珍稀的传统民间工艺。砂土村在发展过程中见证了汉文化与土家文化交流融合的历史,是文化交流融合村落的典型代表。砂土村有着宝贵的村域环境、传统建筑、历史环境和文化传统。2016年11月,砂土村被列入第四批中国传统村落名录。

## 一、村落概况

砂土村正式建于清道光年间,距今已有近200年历史。如今,砂土村村民收入较为稳定,生活井然有序,呈现出一幅平安喜乐的景象,这与村落在发展过程中延绵不断的村落传统文化、得天独厚的地理环境以及合理协调自然与人类活动区域的村落规划息息相关。

### (一)地理生态环境

砂土村位于永顺县泽家镇西南部,距离泽家镇约5公里,大约40分钟车程。主要通过国道G209线和村内对外的无名路与泽家镇相连,东邻西那居委会,南接泽家居委会,西与拔古村、对山乡相交,北与大坝乡接壤。村落由7个组组成,以砂土组和利比洞组为中心,围绕着包车组、关山组、厂房组、撮洞组和列湖平组。砂土村村内有一个村民服务中心,主要用于村干部办公,也是当地村民发放福利时集中领取的场所,并配备了帮助村民医治一些常见病的卫生所。

村落的区域规划层次分明,自然风光与人文环境交相辉映,和谐而美好。村落以砂土组和利比洞组两片区域为中心,三面环山,分别是畔山、王列虎包和近龙包,而畔山又是围绕着砂土村的群山中的"领袖",是村中最有名,也最具有传奇色彩的一座山。此外,村落最底部为大片稻田、玉米地和烤烟,是当地村民最主要的粮食与经济来源。层叠而上的村寨,吊脚楼与地势密切结合,依山势形成了阶梯形聚落。站在畔山山顶上俯瞰整个村庄,村子里的吊脚楼就像是一只只小黑猪,而畔山就是小黑猪的母亲——老母猪,这样生动形象的描述让村落栩栩如生。

## （二）村落来源

砂土村村名的来源与其特殊的地貌密切相关。村落属于典型的喀斯特地貌,亦称岩溶地貌。村落四面环山,地下水与地表水日夜溶蚀与沉淀岩石,所以村落中产生了多处风洞。地下水也因压力源源不断地流出与砂山土交汇,形成了独具当地特色的黄红土壤,滋养着传统农作物的生长。村落因此"接地气"地取名为砂土村。

这里依山傍水,土司王后代彭族儿女师杲后裔一脉,五个老太公从保靖等地迁来聚居于此迄今已有十三四代。根据彭氏族谱,砂土村村民从彭祖公由彭城得姓,其子孙繁衍遍及大江南北。瑊玕二公奔楚,士愁公入主溪州以来,世代都印,历时八百余年,至今已有千载,时至师杲公首任保靖土司,即为龙车彭氏之祖。西汉刘向的《列仙传》记载:颛顼弟玄孙陆终生六子,三子彭祖,原名钱铿,尧封之彭城,有49妻54子,后称彭祖。在商为守藏史,周为柱下史,寿高80岁,历虞夏至商其子孙繁衍,遍及中原大地后又迁陇西,彭族由此而得称陇西堂,其子孙有进士,有刺史。至瑊公,子名彦希,即士愁,又名仕然,为溪州刺史,是开发湘西创基业的第一代重要人物。至宗舜公,子名翼南为抗倭名将,在福建沿海屡建战功。还有曾任永顺县县长、永顺县委书记的彭武刚为永顺县的经济建设呕心沥血,开拓进取,贡献了毕生的精力。

村中还流传着另一种说法:相传,雍正三年(1725年)时,这里彭姓村民的祖先受当时土司王的委托,为稳固土司王在砂土村这一带的政权而来到砂土村定居,土司王特意赐予他们彭姓,以示对他们的肯定和器重。出发之前,土家儿女们向土司王承诺不会欺压原来的居民——当地的汉族。

此外,根据砂土村遗留的各种作坊,如染坊和粮食作坊等,与人们的衣食住行密切相关,所以推断村落原是土司王朝用于生产生活物资的专门区划。直至今日,传统农耕,如水稻和玉米仍然一直延续作为村民的主要粮食作物。

## （三）村落人口

砂土村由七个自然寨组成，村落居民零散分布于平地与山脉间，共350户人家，户籍人口1310余人，其中常年在外务工人员约400人，另有几十户村民迁出，现在村落常住人口约500人。

在砂土村人口姓氏的分布上，主要以土司王后裔彭氏为主，并另有黄、王、田、向、粟、马和涂等十多个姓氏，除田姓田好汉和向姓向宗彦曾为土司王的左膀右臂，分别担任武官与文官作为土著姓氏之外，其他姓氏均为后来人口迁移至此，村落也因此成为典型的迁移村落代表。村落以氏族、家族为联系的纽带，同一姓氏之间相处更加亲近，来往更加密切，比如彭姓家某户居民家中办喜事，不用通知，庆贺当天，彭姓村民便会主动上门祝福与拜访。

此外，砂土村主要以土家族为主，除一部分土著土家族人之外，还有部分从江西迁移至此。早在殷末周初，这个民族的祖先就曾协助周武王讨伐商纣王。牧野之战，他们士气高昂，兵锋凌厉，冲锋时载歌载舞，使敌兵气馁倒戈。土家先民不仅因其英勇善战而在历史上留下了浓重的一笔，这也为砂土村的发展与延续提供了人口条件。此外，村落还有15%左右的回族村民，据相关资料记载，回族迁入永顺定居多追溯到清代改土归流之后。村落回族村民的始祖为马国武，系清代乾隆年间（1736—1795年）从甘肃、江西、岳阳一路迁移，最后路过泽家镇龙洞村时，用140两银子买宅基地安家，自此繁衍生息，并成为当地大家族，所以泽家镇砂土村的回族村民也从此来。

## （四）物产与特色产业

砂土村依山傍水，水源充足，加之森林茂盛，保水性较好，且土壤多为黄红土壤,有机质及钾含量丰富,适于作物生长,所以村民百年来一直依靠传统农耕维持生计。同时,随着精准扶贫项目的开展,村落中的烤烟、油茶产业和旅游业也在积极地同步发展,以竭力帮助村民们过上更好的生活,并为村落的文化发展奠定经济基础。根据村干部对村落经济产业的介绍,砂土村的经济来源主要分为三个时期的三个层次。

一是传统农耕。历史上砂土村种植的粮食作物主要有水稻、玉米、小麦、土豆、大豆等,由于土壤多为黄红壤、红色、黑色石灰岩土、黄棕壤和黏土土壤,土层深厚,结构疏松,保水保肥性好,有机含量较高,适宜各种植物的生长。同时,村落气候宜人,四季分明,降水量充足。由于大批的村民在外务工,不少土地外租给烤烟、油茶大户,或者荒废在家,粮食产量相比昔日大幅度减少。因此,砂土村现在的粮食产业主要是为了满足粮食储备和喂养家禽的内需,不再作为主要的经济来源。

二是经济作物。随着精准扶贫项目的开展和深入,村落与时俱进大力开发经济作物种植。进入砂土村就可以看见关于烤烟和油茶合作社的标志牌,以及成片的烤烟种植地,这是村落主要的经济作物。据了解,烤烟种植在300亩左右,由于烤烟种植对土地要求较高,所以需要采取轮作方法,即烤烟收成后的原土地需要休耕一年后才能重新再耕作。油茶种植在2000亩左右,其生产期十分漫长,幼林期需要4~5年,始果期需要3~4年,效益期较长,仍处于发展阶段,没有明显的收益。这两种产业都是以户为单位做工,由大户承包,再雇用村落剩余劳动力做工。

三是人员的外出务工。砂土村现有户籍人口1310余人,男女比例为1.2∶1,有近三分之一的人外出务工,这是村落经济发展的重要来源之一,也是脱贫攻坚战的支柱。为了做好扶贫工作,村落干部也在积极地依靠当地秀美的自然风光,大力开发旅游业。然而,"要富先修路",在砂土村发展过程中的最大阻碍就是交通问题,村落交通除与外部连接的主路为一条宽3.5米的水泥路外,其余户间道均为土路和老石板台阶。进村的山路,狭窄且崎岖,路况差,对外交通联系较为不便,导致村落较为闭塞,经济较为落后。因此,村落现正在积极地开展修路工程,努力改善现状,以进一步促进经济的发展。

## （五）经济社会发展状况

### 1. 教育

村落人口身体素质较好，多长寿老人，但是受教育水平普遍不高，大多数初中毕业，大、中专毕业生也不过二三十人。由于砂土村没有相应的村落学校，且离镇上学校较远，村中孩子从小学起，低年级学生需要爷爷奶奶在学校附近陪读，而高年级学生必须住校，学生求学存在一定的不便与困难。

### 2. 经济发展情况

村落底部有大片的稻田和玉米地，其中水稻田预计300亩，而且村民利用稻田养鱼，形成了当地特色的"稻花鱼"佳肴；玉米地500亩左右，基本能实现村民的自给自足；以经济作物种植为主的，村落中的烤烟户有十几户，年收入十万余元，产业已形成规模，收入较为稳定，极大地推动了砂土村的经济发展，提高了人们的生活水平；同时，人们受时代信息的影响，对新生活充满了期待，所以为了给家人更好的生活，年轻人纷纷外出务工，并带上妻儿，相比在交通闭塞的村落中，生活和上学更加方便。

## 二、文化遗产

远眺整个村里的全景，在绿树成荫的大山之中，零星的吊脚楼点缀其中，是自然与人文的完美契合。砂土村作为典型民居建筑的传统村落，有着吊脚楼营建技艺的传承人，房屋的修建风格和居住习惯也有其独特性，生活在竹林木屋下，别有一番天地。

## （一）物质文化遗产

砂土村地处高山，地势陡峭，结合当地得天独厚的植被优势，就地取材建造木质房屋。为了防毒蛇、野兽进家门，且保证房屋通风干燥，将房屋用排扇高悬架空，由此产生了土家族的特色民居"吊脚楼"。

吊脚楼（雷秋萍　摄）

吊脚楼的形式多样。一是单吊式，这是最普遍的一种形式，有人称之为"一头吊"或"钥匙头"，它的特点是正屋一边的厢房伸出悬空，下面用木柱相撑。二是双吊式，又称为"双头吊"或"撮箕口"，它是单吊式的发展，即在正房的两头皆有吊出的厢房，而村民主要是根据自家的经济条件和家庭需要来选择单调或双调。三是四合水式，这种形式的吊脚楼是在双吊式的基础上发展起来的，它的特点是将正屋两头厢房吊脚楼部分的上部连成一体，形成一个四合院，两厢房的楼下即为大门，这种四合院进大门后还必须上几步石阶，才能进到正屋。当地大户人家主要以四合院式传统民居为主。四是平地起吊式，这种形式的吊脚楼也是在单吊的基础上发展起来的，单吊、双吊皆有。它的主要特征是建在平坝中，按地形本不需要吊脚,却偏偏将厢房抬起,用木柱支撑,和正屋地面平齐,使厢房高于正屋。砂土村的传统民居主要以单吊式吊脚楼为主,整体朴素而大方,协调且整洁。

砂土村现存完整的吊脚楼建筑共118处,普遍修建于20世纪50—70年代,根据村民生活所需,楼高2~3层不等。因为大部分吊脚楼修建时间较久,装修情况一般,房屋地面是地基石板堆砌而成,房屋木板有部分受潮破损。吊脚楼的建构有一些共同点。

一是飞檐翘角。吊脚楼屋顶边沿十分有特色,与普通民居不同,边角需要高高翘起,是中国建筑上民族风格的重要表现之一。一方面,在搭建吊脚楼的过程中,房梁挑方处需向上翘起,贴屋顶瓦片时更加贴合而稳固。同时,翘角能够扩大房屋的采光面,也有利于排泄雨水。另一方面,屋檐高高翘起,加上精美的雕花,更美观并具有更高的观赏价值,也蕴含着人们希望家族欣欣向荣,蓬勃发展的美好愿望。

吊脚楼近景(袁立新 摄)

堂屋神龛(郭欣蓓 摄)

二是筑神龛,挂牌匾。每户人家进门堂屋都会高高悬挂神龛,供神像和先祖,这里也是祭拜祖宗和接待宾客的场所。神龛中贴的字符各不相同,主要是根据自家祖先的姓氏和教诲贴相应的内容,例如"玉盏常明万岁灯,金炉不断千年火"以表示对先祖的怀念和敬意,并希望先祖能保佑子孙后代香火旺盛。同时,在房梁上还会挂牌匾,搬家或娶亲时,由至亲送上美好祝福,如"琼楼玉宇""华东凌云"等。

三是高门槛。高门槛,寓意着将"财运"留住,阻挡邪秽之物。此外,门槛是一种身份与地位的象征,发展越兴旺的家族,门槛修建得越高。门槛不能坐也不能踩,必须高高跨过,寄托着村民希望家业兴旺的美好愿景。

四是垫柱石。垫柱石是古代建筑石构件的一种,俗称磉盘或柱础。几千年来,木结构古建筑始终以这样一种建筑模式出现:"凡屋有三分,自梁以上为上分,地以上为中分,阶为下分。"垫柱石就是柱子下面所安放的基石,是承受屋柱压力的奠基石,在吊脚楼建筑结构中用以负荷和防潮,对防止建筑物塌陷有着不可替代的作用。旧时吊脚楼的垫柱石多会将大块的石头雕刻成南瓜形,主要是因为南瓜中多籽,以此寓意"多子多福",寄托了人们对于子孙繁衍,家业昌盛的美好愿景。

吊脚楼底部(雷秋萍 摄)

这些传统吊脚楼民居中所折射出的村民生活习惯和土家习俗融合的生活细节,是村民们百年来约定俗成的建房规矩和原则,体现着村民们对美好生活的向往与追求,以及不忘本,热情好客的淳朴民风。

砂土村民居吊脚楼多零散分布于村落中,以姓氏、家族聚居于半山腰的不同地方。其中,历时较悠久,保存较完善的吊脚楼遗址是涂家院子,它始建于清朝,距今已有200多年。

涂家院子遗址(郭欣蓓 摄)

## （二）非物质文化遗产

砂土村初建于明代,在悠久历史的孕育中形成了深厚的文化底蕴和独具特色的风俗文化。得天独厚的自然条件和村民们独具特色的民族风情,形成了当地传统的音乐、舞蹈、技艺和风土人情,并不断地传承和发扬。

### 1. 打溜子

打溜子,当地又称"打响气",是土家族地区独特的民间器乐和声合奏,用于迎亲、迎春、庆丰收、龙灯狮舞等喜庆场面。砂土村的打溜子队由4人组成,即头钹、二钹、马锣和溜子锣。敲马锣的乐手打头阵,是合奏中的高音乐器兼指挥领头,以加强强拍的节奏;头钹和二钹作为主旋律站在乐队中间,是合奏中的中音乐器,发音明亮柔和,密集频繁,控制着乐队的主节奏;溜子锣是合奏中的骨干和低音乐器,外形如盘,锣壁较厚,通过击打锣盘不同部位,以及轻击和重击来丰富乐曲。打溜子的曲牌约有100个,主要分三大类:绘声类,模拟自然界和动物的声响;绘意类,抒发对美好事物的追求;绘神类,描写日常生活。主要的代表作品有《安庆》《八哥洗澡》《双龙出洞》《扭插秧》等。在我国少数民族乐器艺术中,打溜子独特的组合、精湛的演奏技艺自成系统,具有极大的代表性。它不仅能为民族学、社会学的研究提供不可忽略的重要材料,也可作为音乐学中音色旋律学研究极其珍贵的原生性文化标本之一。1949年以来,打溜子先后被国家艺术团体介绍到美国、德国、波兰、俄罗斯等国家,产生了强烈的反响,引起了巨大的轰动。砂土村有一支民间乐队擅长打溜子,曾代表砂土村前往永顺县参加打溜子比赛,并获得了第三名的好成绩。

### 2. 赶年

土家族赶年的特点主要包括三个方面。

第一,吃团年饭的时间先于汉族一天。大年为腊月二十九,小年为腊月二十八。

第二,来历悠久。过赶年的习俗起源于明代。关于此民俗的来历有三种说法。一是抗倭说。明嘉靖年间,倭寇犯我东南沿海一带,嘉靖皇帝征调士兵抗倭。当时正值年关,按旨日期出征,势必不能吃团年饭,于是他们提前过年。士兵自带粮草,英勇作战,大破倭寇,立下大功。后人为了纪念抗倭胜利,就提前一天过年,并就此沿袭下来。二是交战说。土家先民在年关被地域外来部族侵犯,准备交战,就提前一天过年。三是苦工说。土家先民贫困,给富人做苦工,年三十都要做,为了全家团圆,提前一天过年。以上几种说法,最具说服力的是抗倭说。有历史记载:1555年,土司彭翼南率士兵三千,去东南沿海抗倭,其祖父彭明辅率士兵两千助战。王江泾之战,打败倭寇,获"东南战功第一"美誉,比戚继光抗倭早6年。此外,从土家族人过年的纪念礼节也可佐证这一习俗。一是甑子饭和坨坨肉。当时出征的官兵人数多,时间紧,只有用甑子蒸饭才行,为了赶时间,肉也来不及细切细炒,只能砍成坨坨肉,裹以小米,放进甑子蒸熟。二是煮合菜。据说是当时出征时间紧迫,各种年菜来不及炒制和分盘装,只得一锅煮,后人将此谐音为"贺菜"。三是插蜡梅和松柏枝,过年时,神龛、大门和堂屋中柱上插一些梅花枝和柏树枝。据说这是因为士兵的人数多,没有那么多房子做餐厅,只好在梅树园和柏树林里用餐,同时象征着胜利归来。后来土家族人为了纪念先祖,过年提前一天,用甑子蒸饭,吃坨坨肉,办合菜等,相沿成俗。

第三,持续时间长。过年从腊月开始忙活,直到正月十五日。在这期间,家人欢聚一堂,办年货,做年饭,走亲拜年,祭祀先祖,唱梯玛歌,演毛古斯,跳摆手舞,打溜子。

### 3. 织锦技艺

土家织锦,土家语称为"西兰卡普","西兰"是被面,"卡普"是花,汉语是"土家背面"。织锦历史悠久,秦汉时称西布,宋代称賨布。《大明一统志》称之为斑布。土家织锦是中国四大名锦之一,土家织锦的织机是斜织

手绣鞋垫(郭欣蓓 摄)

腰机,其构件包括机架、坐板、滚板、综杆、竹筘、梭子、滚棒、篙筒、挑子等。织锦系手工操作。把经纬线拴在腰上,以观背面,从背面挑花,织出画面。工艺流程有纺捻线、染色、倒线、牵线、装辊、翻筒、捡花、捆杆上机、织布边、挑花等。用植物或矿物等自然色料染色。其图案花色有130余种,共分为七大类别:家具题材,图案有桌子花、椅子花、磨盘花、船花、提篮花等;自然花卉题材,图案有岩墙花、梭罗花、藤藤花、荷叶花、绣球花等;飞鸟题材,图案有燕子花、凤凰花、鸳鸯花、蝴蝶花、锦鸡花、孔雀花等;走兽题材,图案有狮子花、鱼尾花、虎皮花、麂子花等;家畜题材,图案有鸡冠花、鸭儿浮水、鹭鸶踩莲;抽象几何题材,图案有单八钩、双八钩、十二钩、二十四钩、四十八钩等;日常生活题材,图案有龙凤呈祥、喜鹊闹梅等。

### 4. 吊脚楼营造技艺

土家吊脚楼与苗族、瑶族吊脚楼不同,有其特殊的构造。土家住房的结构为柱、骑、枋、檩组成的排扇式。一般是正屋三间,正屋两侧置偏房,偏房前面是吊脚楼,楼阁多为闺房,满月形推门或两扇对开门,明窗亮格,为土家族姑娘织锦、挑花之所。而吊脚楼四周织篱为院,或夯土成垣,或垒卵筑墙。而砂土村吊脚楼多夯土成垣,以打牢和抬高地基。

吊脚楼建筑稳固的原因是"抬沿冲脊、升扇跨斗、四方八张"。其中"抬沿冲脊"是指房屋屋顶边角需要飞檐翘角,以此贴合瓦片,并且比起平屋檐更加美观;"升扇跨斗"是指五根房梁中,中间的房梁要拔高,才能支撑瓦片重量;"四方八张"是指排扇要向两边张开,以保持房屋底部的稳固性。吊脚楼修建的过程,主要分为七步。

第一步,春季伐木。传统上伐木是需要请风水先生看过地形后,与东家商定好尺寸,进山伐木。上山找木料时,要带上公鸡、酒、香烛、纸钱等,先砍中柱。中柱以能发芽的杉树为最佳,寓意"发人、发财、发福"。

第二步,梁木偷量。梁木的选择需要去"偷"。"偷量"的木材是同一主树根上分开长出来的两棵杉树中较为旺盛的一根,寓意主人家人丁兴旺。被偷的一般都是女方家的舅姑表亲,有赠送之意。双方都十分乐意。

第三步,干燥数月。因为春天砍回的木材潮湿,所以一般都是放在露天坝风干。经过几个月的雨水浸泡与阳光曝晒,可防止木材弯曲、变形和裂缝,还能提高其抗压强度。

第四步,弹线构件。在木料备齐之后,由掌墨师根据需要的尺寸、开间,制作所需的柱、枋、梁,以及彼此衔接的榫口。一直以来,干栏式建筑都以丈、尺、寸、分来计算开间、进深。首先确定堂屋(正五)的开间,一般为一丈三八(即一丈三尺八)、一丈五八(即一丈五尺八),无论多大,尾数一定要带"八"。俗话说"要得发,不离八"。后面的进深、中柱的高度等,都是取"八"为尾数。堂屋的开间一般比其他开间宽一尺左右。确定房屋的尺寸之后,就要请大、小木作根据掌墨师提供的有关柱子、骑筒等弹好的墨线和画好的尺寸进行凿眼、洗眼、做柱、枋、梁。

第五步,垫脚排扇。构件全部做好后,在立屋上梁和下梁之前还要做好一些准备工作,如安排好每根柱子下面的垫脚石、安装排扇。将中柱、元柱、挑枋等按照规定的位置串联起来,作为稳固

木质房屋梁柱的基本结构(郭欣蓓 摄)

的地基。

第六步,立屋立柱。在立屋时,将所有的中柱结构拼接好,然后从中间最高者拉起,向两边渐次排出房屋的主体构架,作为吊脚楼的"骨骼"。

第七步,上梁铺瓦。待柱子立起之后,上梁、铺瓦,一座干栏式建筑的骨架就落成了。

此过程中不需要用一钉一铆,完全依靠墨斗放线画的榫口进行拼接,拼接不是汉人常见的抬梁式,而是抗震性能更佳的穿斗式。这些技艺对于经常发生山洪或泥石流的山区非常重要,可保证"墙倒屋不倒"。即便是已经坍塌的吊脚楼,外墙的木板都腐烂了,但主体的骨架仍屹立不倒,只要稍加修整,又可住人。

## 三、自然资源

砂土村景观(袁立新 摄)

砂土村属于永顺县境内的山区,是典型的山地地貌,平均海拔650米以上,村庄坐落于畔山偏坡上,地势北高南低,村落脉络清晰,格局完整,具有较高的历史价值和审美价值。村落最底层是成片的稻田、玉米田和烤烟地,作物梯田层峦而上连接着吊脚楼群,再被群山环抱。四围绿树成荫,松柏高耸,茶林成片。寨内古树苍翠,翠竹林立,那些大大小小的树木密密匝匝,极不规则地拥挤、排列,抑或堆积,那满眼浓稠的绿,好像吹上一口气就会流出醉人的汁来。倚仗着天然的气候条件、地形优势和独特风光,加之村民对其合理的规划,砂土村各色古建筑、古树、古洞和古井交相辉映,和谐美好得像一幅生动的画卷。

## (一)群山之首——畔山

砂土村坐落在半山腰处,四面环山,为村落的形成与发展建起了天然的屏障,为吊脚楼的修建提供了适合的地理环境,也形成了当地冬暖夏凉的宜人气候。而在众多山脉之中,畔山作为群山之首,也有其特殊的寓意。

畔山,也作盼山和泮山,"盼山"是期望村民们富裕安康,而"畔"和"泮"则是依田和傍水的意思。畔山作为围绕着砂土村群山中的"领袖",是村中最有名,也最具有传奇色彩的一座山,不少关于畔山的神秘传说在村民们的口中代代相传,为畔山蒙上了一层神秘的面纱。相传,畔山上曾经有一座道观,观里有一个钟,怎么敲都敲不响,后来有一个乞丐路过此处,围着钟看了一圈后对道士说:"我可以敲响这个钟!"道士并不理会,起身准备给他拿些吃食。乞丐趁道士不注意在钟里面放了一个铜钱,并敲响了钟,从那以后道观里每日都会传来阵阵钟声。

## (二)千年风洞

由于砂土村地处喀斯特地貌,在地下水的侵蚀下,村落四处多见风洞,而且风洞之间相互联系,一直延伸到畔山脚下,让人不由得感慨大自然的鬼斧神工。风洞特殊的结构,使洞中泉水甘甜而清爽,饮下一口沁人心脾,村民们因此用水管将泉水引出,用于生产生活。同时,风洞遮阳阴暗,相比洞

千年风洞(郭欣蓓 摄)

外的空气相对封闭,所以冬天和夏天洞外的空气升温和降温快,气温常年保持在十七八摄氏度,夏天还不时有阵阵凉风从洞的深处吹出,形成了一处天然的宝地。夏天,村民们会将西瓜储存在洞中,辛苦劳作后在洞口席地而坐,开一个又大又圆的西瓜,再饮几口清澈甘甜的山泉水,一边休憩一边看着自己的妻儿在水池旁洗衣、嬉戏。如此好山好水好风光,先祖必然会选择其作为族人聚居的宝地。

### (三)丰富的水资源

砂土村的水资源丰富,村民们不仅会从山顶引山泉水到户,还会利用村中现存的两口古井引流地下水,以此用于生活饮水和农田灌溉。井水水质极优,清澈而甘甜,源源不断地从井口流出,但常年保持固定的水量,让人不禁感慨自然的奇妙。相传村中原来有一眼泉水,名为"一碗水",看着像是一个小水洼,只有一个普通的碗那么大,里面的泉水却怎么也喝不完,村民们也一直没能找到"一碗水"的源头。甘甜的井水和山泉水相互交融,聚天地之精华,凝山川之灵气,共同养育了一代又一代的砂土村人,更见证了整个砂土村的历史;纵横在农田间的灌溉水渠,浇灌了一季又一季的农作物,给砂土村人带来了粮食和财富,象征着村落源源不断的生命活力。

(本章由郭欣蓓撰写)

# 第四章　龙珠村

2005年区域规划调整,湘西自治州永顺县首车镇龙珠村由原龙西湖村、舍珠村和方家沟村三村合并而成,取"龙西湖"首字和"舍珠"末字组成"龙珠村",寓意美好珍贵,人杰地灵。龙珠村位于永顺县首车镇,因境内有一条河流——西溪河而得名。龙珠村历史悠久,文化底蕴深厚。龙珠村有据可考的建村年代为清乾隆末年,经过土家居民几百年的繁衍生息,该村逐渐积淀了厚重的历史和形成了自有特色的民俗文化。2019年6月,龙珠村被列入第五批中国传统村落名录。

# 一、村落概况

## （一）地理生态环境

永顺县首车镇位于永顺县西北部，距县城25公里，南与勺哈乡毗邻，北与两岔乡为界，东连万坪镇，西与龙山县接壤。龙珠村位于首车镇西南部，距离县城约20公里，距离镇政府所在地1.5公里，毗邻G209国道及S73龙吉高速。其中，村部距离龙吉高速出口仅1公里，且该出口是通往首车镇、两岔乡、西歧乡、勺哈乡等乡镇必经的高速出口之一，交通区位优势明显。

龙珠村全景（袁立新 摄）

龙珠村属于山地地形，村落群山环抱，郁郁葱葱的树木将村落掩映其中，形成一幅古朴自然、文化内涵丰厚的原始农耕生活画卷。村域北接上寨村，东邻风箱锅村，南抵龙西湖村，西至高路村，村域面积为23.49平方公里。小溪从寨内蜿蜒而过，且沿国道分布，从龙珠村村部到舍珠村沿线,自然景观丰富,如小干溪浅滩、叠水瀑布、深岚山道、涧溪温泉等。村寨内有一条河流经龙珠村呈S形从居民点内部穿过,村庄主要道路沿河修建,反映了"天人合一"的思想。

湘西属于亚热带季风性湿润气候,冬暖夏凉,夏季高温多雨。而龙珠村周围山脉绵延,国道旁有许多修路时形成的山洞,是避暑的好去处。其最高海拔1439.5米,最低海拔385米,年平均气温在13.8℃~15.9℃,年平均降水量1400毫米,年平均日照1300多小时,无霜期280余天。村庄竹林掩映,鸡犬相闻,有穿山甲、刺猬等动物20多种,有杉树、柏树、松树等植物100余种。矿产资源有页岩气、铅锌矿、金刚石、花岗石等。

## (二)村落来源

龙珠村村民祖先多是由江西迁至此地。清雍正七年(1729年)永顺建县时,划18保,首车属于其中的猛岗保,龙珠村属猛岗保龙珠村甲。民国十二年(1923年),实行乡制,全县设26个乡,首车为其中之一。1949年永顺解放初期,沿用民国时期乡保建制。后

村落一角(袁立新 摄)

经由多次行政区域划分变革,在2005年进行的村级区划调整中,首车镇16个村并为9个村(居委会),属首车镇龙珠村。

## (三)村落人口

清朝乾隆年间,姜、何、孙三姓约同一时代从江西高安、清县迁入,同为汉族。村落主要姓氏为何姓、姜姓和彭姓,何姓主要分布在龙珠村以东、以北,姜姓主要分布在河流以南、以西,龙西湖村组全为彭姓。龙珠村包括龙西湖、大干溪、小干溪、舍珠村、方家沟5个村民小组。截至2019年8月,龙珠村共有村民470户,2038人;劳动力916人,外出务工704余人。

## (四)物产与特色产业

龙珠村有耕地1420亩,稻田1257亩,旱地163亩,公益林364亩。村民主要种植水稻、玉米、油茶、柑橘等作物,其中油茶种植面积有1750亩,此外还有蜂蜜等特色农产品出产。

茶园(胡绮轩 摄)

养蜂设备(胡绮轩 摄)

## (五)经济社会发展状况

目前,龙珠村村民以外出务工收入为主,其次为种植收入和公益林补助等。

龙珠村自申请中国传统村落名录后开始发展旅游业,打造"一带三片区",即209国道乡村旅游风光带、旅游集散及配套服务区、龙珠乡村观光休闲片区、终南山文化生态旅游片区。沿国道、乡道打造乡村旅游生态绿道,改造村部,完善旅游集散及公共服务功能,在保持村寨原有风貌的基础上修复青石板路,增设娱乐项目,打造生态农庄,开展龙珠禅修养生节、龙珠写生节等促进村落产业发展。

龙珠村立足永顺县及周边乡村周末休闲市场,拓展民宿体验、修禅养生专项市场客源,依托小干溪民宿和终南山旅游资源,打造集生态观光、田园休闲、文化体验、养生度假等多功能于一体的209国道沿线乡村旅游休闲目的地。

## 二、文化遗产

### (一)物质文化遗产

#### 1. 何祖辉大院

何祖辉大院规模可观,其四周石墙长约300米,高分别为6米及4.5米,中坪约400平方米,均为规格方正石料铺就。石阶排列整齐,宽约1.5米。屋柱砥石均鼓形起花,正房五柱八骑满托连七,右厢为吊脚楼,左厢三柱四连四间正方,大门及窗均为雕刻镶嵌。左厢延伸为磨坊、马栏,其后有粮库、客房及花园。右墙外有雕梁画栋、翘檐飞角的书楼兼观景楼,楼下有精致鱼池,巨桑冠盖其上。古典石朝门在翘檐之下高6尺,宽4尺5寸,上有盖顶石匾,两侧厚石柱,下为石栏,两扇木门相扣,门外两侧大块方石八字排列。清朝末年,何祖辉高中,院中竖起高约5丈的举人栀。

#### 2. 何许长大院

何许长大院已有两三百年的历史。其范围虽稍小,但正屋也是连六,包括两端配方共连八间,其左侧为封火高墙,墙顶设两层鳌头直指蓝天。

中坪、阶沿均为方正石料铺就。八字朝门上方及八字墙都经过勾画,现今清晰可见。其右厢吊脚楼巍然临于高墙之上,墙下仰瞻尤显壮观。此院最令人惊叹之处在于那条形巨石,在只靠木棒绳索的年代,先祖们用其智慧将巨石垒上墙身。

何许长大院院内景象(胡绮轩　摄)　　何许长大院正门(胡绮轩　摄)

### 3. 孙家院子

该建筑位于东侧高街的西端稍后,院子为边长20米的正方形,除右门之外,院墙全由高约5米、宽0.5米的石料堆砌而成。院内为木结构瓦房,只要石门关牢便如铁桶一般。此院如此特殊是因院主何茂相在清宫廷斗争中处于劣势,为免族人受累而迁至此处,并筑此铁桶般宅第,修筑石墙时,每一块砖均是由人力抬上去的。日久,危险解除,便移居西来枯。何茂相迁居后,此院由孙姓入住,遂称孙家院子,后孙家迁出又归姜承福所有,直至20世纪70年代,由姜阳开拆墙修房,现仅存一小段石墙。

清代石墙(胡绮轩　摄)

## 4. 双拱桥

双拱桥之地小巧玲珑,方家沟与小干溪两溪汇合,以两溪为腰,后山脚为底,形成等腰三角形。三角形顶部从水中凸生出直径5米、高10余米的圆形石柱。柱上平台由官府牵头村民捐款修建,此其一。三角形中点,也凸生一直径约10米、高约8米的圆形石丘,穹顶配翘檐,画栋连飞阁。庙内长明灯,路间诵经声,此其二。在三角形的两腰,即沟、溪之上两座圆拱石桥接通永龙官道,桥边藤蔓映入溪水之中,此其三。塔庙之间的官道两旁,古柏参天,古柏之下有巨石陪于官道。来往迁客,运货马队至此稍歇,轻风阵阵,庙中云烟氤氲,道旁有店,店中有酒,酒待佳人,此其四。站在庙廊之上,经塔前眺,那对面山腰竟有6～7米高秀而挺拔的将军岩与之对应,这岩看来是专为配塔庙而生,因为它是独生,此其五。

这弹丸之地,塔庙相对,圆桥相连,官道贯穿,古柏巨石相配,酒香清风相随,更有将军岩隔溪相窥,潺潺万古溪水,此乃"天人合一"创作之美。

## 5. 石径

何祖辉大院正前方为悬崖绝壁直切溪底,此崖高约30米,崖底宽70米,崖的两侧由石板铺成曲折之斜径各为250级左右,径畔栏外,粗树藤萝,拾级上下,春华秋实,古道斜阳。而村北上岩科街,西南登狮子坪都为斜上石径,古官道上亦然,是古时徒步通往永顺、常德、张家界、湖北的道路。

上岩科街(胡绮轩 摄)

### 6. 护溪石堤

名为护溪石堤,实际上石堤不仅护溪也护山、护土、护田、护桥、护屋。从村上游黄土坡大田两侧开始,延续于水井湾、靛田、木匠桥、油房田、老屋外、村中桥、姜屋基、河湾里、水碾田、转珠子田,直至庙上田,断断续续,全长(双边)约1.5公里,其高矮2~4米不等。

### 7. 水碾

水碾原有两部,均于舍珠河两侧,一为直鼓式,一为平鼓式,用于村民的生活。

### 8. 油坊

油坊位于新屋对面油坊山。为村民就近榨油提供了方便。旧时小干溪茶油、桐油产量可观,茶油能自给,桐油沿官道进城,甚至远销常德洞庭。

### 9. 拦溪坝

拦溪坝位于舍珠河,为弧形石坝,高两丈宽四丈。本意为拦河引水发电供小干溪照明之用,白天可供少量机械之动力。但待水渠修好后,一次洪水推沙带泥竟将坝上蓄水库几乎填满,而洗砂口也被树枝裹沙堵住,于是工程停建。现那坝形成了一个瀑布,其上造就了一个沙坪,其下由瀑布掘出了一个深潭。

### 10. 磋坞文化长廊

小干溪后山距村约50米的磋坞,有众多碑刻。碑刻内容除亡人身世之外,更有历史渊源,道德赞颂,人文彰显,书法展示,风水刻画,传统褒扬,人物赞像,典故精录,华丽文章,精美对联。这里是一个文化长廊,可享受视觉盛宴。

### 11. 传统农具及生活用具

农耕工具包括犁、耙、蓑衣、斗笠等。犁由犁弯、犁键、犁底、锋口猪嘴组成,配套的还有打脚、牛缆绳、夹档、敞索。在翻埋田中绿肥(嫩草)时,在铧口前还加一个插尖。耙则是铁制的,像很稀的梳齿一样,其上升起铁柄,左右各一,其间木柄相连。铁齿两侧各伸一铁拖柄用以拴住缆索。蓑衣是由棕丝编制而成的防雨具。斗笠分棕笠和油笠两种,分别防雨与防晒。

除此之外,还有刷桶、臜笼、挑篮、钉耙等工具。刷桶是宽约四尺、高约二尺五寸的倒梯形桶,底部两侧设拖牛(两根弧形底柱,便于田中拖动),四角设桶耳,打谷用。臜笼,即在背笼的基础上加高加宽,便于背较多的农作物,如苞谷、小米等。挑篮是两个高但较小的花竹篮,上部没有固定的扁担,用于收捡桐油球的运输工具。钉耙为四长齿铁爪连一木把,用于耙稀泥搭田坎,免田漏水之用。

连转是用灌木枝条挽成可于连转上旋转的打击形用具,如拍打荞麦、黄豆等。灰筛是将草皮、枯枝、败叶烧成灰作肥料时,为去掉较粗的部分而设的粗眼竹筛。纺车是一种手摇车鼓,现在村中还存有少量的家织布成品。

除车是专门为除掉棉籽而设,由两个相反转动的滚筒固定在车架上,滚筒之间有小于棉花的缝隙,驱动滚筒,喂入棉花,棉籽自然除掉。碓身前部安上有铁的碓嘴,后部为碓尾,中后部有固定的碓叉及能转动的短轴,脚踩碓尾,碓上升,松开碓尾,以碓嘴冲击食物,将食物击成粉。石磨分大小。大磨是长手柄,人在一米以外推转,小磨是单手柄,多磨浆用。

## (二)非物质文化遗产

### 1. 谱牒文化

20世纪20年代,《庐江郡何氏大同宗谱》问世,该谱合11个省、152支何姓宗族。小干溪何姓曾于20世纪20年代初在江西原籍编修第七谱(也纳入《庐江郡何氏大同宗谱》,现存上海图书馆),由何祖辉带回后,于1949年焚毁。2001年《小干溪何姓二百年祭》问世,2011年,《永顺县何氏第八谱牒》完成,这两本谱牒不仅厘清了何氏世代人物姓名,还记录了人物典故、优秀文化和宗族训诫,更彰显了重视文化、首肯勤奋、崇尚道德的人文主流,这是新谱与他族谱牒显著不同的编纂理念。龙西湖原有老版本族谱书三部,因1974年村寨失火,造成族谱书失传。为了缅怀彭氏家族,于2005年9月正式编印出版了《龙西湖彭氏族谱》(首卷)。该族谱搜集了关于彭氏远古的由来,以及彭氏入主溪州历代土司世袭沿革及演变,彭氏派别考证的很多历史资料,重点记叙了龙西湖族系发展的历史。

何氏碑刻——乡愿(胡绮轩　摄)

何氏碑刻——小干溪何姓源流(胡绮轩　摄)

### 2. 派言及命名文化

中华百家姓氏均有各自的派言,这是中华民族的特殊文化现象。其目的不仅在于同宗人物的长幼区分,更是宗族为了道德永守,光前佑后,心怀梦想,承运显扬而编定,世代遵循。

龙西湖系彭高公后嗣子孙,一脉世袭,班派体系完整,竹节上下分明,按"文成楚善、武继南英、昭经信述、奕叶长庚"取名。而在小干溪四姓的派言中,姜姓有"德邦永守,承运显扬",何姓有"人文蔚起,望重乡邦",孙姓有"忠厚传家本,德高永吉祥"。命名是上一辈对子孙的一种期望,小干溪何姓许辈七兄弟从大到小命名为忠、良、道、德、长、茂、盛。

### 3. 传统习俗

土家年。除夕之夜,姜姓是在除夕凌晨,鸡叫过年。何姓在除夕前一晚有接主仪式,正月初一清晨有出行仪式。这些仪式均来自迁祖在外进行生产活动或商业活动,于年关回来团聚,在家的人举行接主过年或送主外出发财,因尊重先祖、怀念先祖而形成长久的习俗。以前过年的时候要将年猪杀好藏在门后,因为当时土匪较多,村民担心年猪会被土匪抢走。正月初一拜年,初一清晨是最热闹的。各家父母将孩子早早催起,穿上新衣,洗净脸蛋,提了口袋,高兴出门,走村串户,恭喜拜年,得到糖果、甘蔗、板栗、葵花籽等,满载而归,预兆年发。正月十五,吃爬坡肉,象征一年好生活的开始。

十月初十,过"十月香",又叫"铁叉酷"(土家语)。铁叉酷是土家族独特的节日。吃过早饭,各户主拿鸡和刀,穿蓑衣,戴斗篷,族长敲铜锣,到土地堂依次将鸡宰杀,鸡血洒地,扯鸡毛少许,蘸血贴于土地堂,表示各家财物是劳动所得,非偷窃而来。

### 4. 阳戏

龙珠村曾有阳戏舞台及戏班子。阳戏又名阳春戏,系民间小曲。阳戏的得名,有两种说法。一是种田人、种阳春人演的戏,艺人大多是农民,并且长期在农村演出,所以称之为"阳戏"。二是因为傩戏与阳戏同班演出,傩戏是为娱乐鬼神而演,故称"阴戏",阳戏显然也有还傩愿的酬神演出,但在庭前扎台唱阳戏,主要是娱人,故称之为"阳戏"。其表演程式简单,阳戏唱腔曲牌多源于民间小调,弦乐以大筒为主,配以二胡、笛子、三弦,打击乐用花灯锣鼓伴奏。主要唱腔的尾声行腔部分均用小嗓(假嗓)翻高八度润色,独具风味。龙珠村内也曾有能人志士演出阳戏,现已失传。

## 三、自然资源

### (一)自然景观

林藏于雾,雾绕于林。沿着209国道走可到终南山,终南山上有终南山寺,可惜毁于20世纪中后期,只留有一些残迹。山顶曾有座钟,僧侣每

龙珠村自然景观（袁立新 摄）

天会按时敲钟，回音久久不绝。爬到山顶，可以在云上观景，看云雾连着山脉翻滚。大山植被茂密，春有山竹笋、嫩胡葱、青葛尖儿，夏有红树莓、野洞蕈，秋有瓦板栗、香葛根、野蜂蛹，冬有蕨粑粑、野山薯。

## （二）植物资源

龙珠村村部至舍珠村沿线群岚之间，拥有小干溪险滩、叠水浅瀑、深岚山道、涧溪温泉。于龙西湖组，有古树群落分布，古树大都有百余年树龄，与古旧民居协调，风貌独特。此外，树下有古井，井水清净、甘甜。村道旁有处天然风洞，一年四季温度几乎不变，冬暖夏凉，是村民的"天然冰箱"。

## 四、历史事件

民国十年（1921年），永顺县衙有首车何姓及塔卧田姓官员。田姓官员麾下有武装。何、田两人因私人摩擦而发展到械斗，形成了两方族人集体规模的报复与反报复行动。一次田官员（号田司令）准备偷袭首车何姓。首车得到消息，相应采取措施：其一，派前哨坐镇勺哈，若田姓官员有动静就飞报首车；其二，大干溪设卡拦截，并设了猪儿炮一门；其三，得到信息疏散老弱妇孺，青壮年皆备刀、镖等护身武器听从号令。不一日，田司令命令麾下士兵，偷袭出发。

田兵已至大干溪坳。拦截于大干溪的何姓人点放猪儿炮远程威胁，怎奈突然大雨倾盆,猪儿炮内灌了雨水,失灵了,田兵见势翻坳急进,首车人自知不敌便节节后退。田兵虽进,但惧埋伏,更因其人数与首车何姓大族的青壮相比,也难以少胜多,故停又不能,进又犹豫。首车人中有一个威震乡里,人见人怕,吼一声让人掉魂的人,手持马刀,见田兵未进了,他便站出来亮相:"来呀!有本事的来呀!"见来人多了,便退。在他的多次引诱下,田兵认定没有埋伏,没有增援,径直进了小干溪村。

村头的木匠桥上坐着一个正打摆子的人姜运广,因询问其姓名答不清楚,且手里还抱着一杆梭镖,就此被冤杀。这时,田兵中一个叫陈发卿的士兵(当时已是小干溪何姓之婿),得知姜运广被杀后,心急如焚。他自荐为向导,谎称这家姓姜,那家姓孙,使一栋栋房子免遭无情之火!田兵直驱首车,当路过纯何姓的西来枯村时,陈发卿又谎称此村叫岩科,全村姓王而保住全村。至首车,田兵烧了首车大院后迅速撤退,结束此次报复。

## 五、历史人物

### (一) 何祖辉

何祖辉毕业于湖南优级师范,是清末最后一届举人,历任湖南省桃源女师训育主任、湖南省第四中学校长、安徽八区督察、永郡联中校长。革命先驱、巾帼英雄向警予,湖南第八师范校长彭官容均是他的学生。他告老返乡后,免费承办私塾多年,为家乡文化进步不遗余力。因教育有方,其子女在工、商、军、学、科各界发光发热。

### (二) 何武堪

何武堪1934年毕业于湖南大学土木工程系,同年,在钱塘铁路(公路)大桥建设中入选最年轻建桥有功人员名录。抗战后参与武汉长江大桥勘探。1955年在援建武汉长江大桥的苏联专家全部撤走并带走所有资料的情况下,他迎难受命,任大桥勘测主任工程师,为这一世界级亚洲第一大桥的建设做出了贡献。1956年任铁道部设计院高级工程师,副总工程师等职,为各地铁路的设计、勘测、督察等几乎跑遍全国。

## (三) 何武坦

何武坦后更名为向进,1937年毕业于湘雅医学院之时,正值日本帝国主义全面侵华。他毅然放弃优厚的生活和令人羡慕的职业,心系民族灾难,国家危亡,在教育家徐特立的推荐下与李振勋一道奔延安献身抗日。在部队历任战前医生、医务主任、卫生所长、卫生科长、军区卫生学校校长、军医院院长。1949年5月任上海军管接管军代表,1950年10月任上海军医大(1954年更名为第二军区大)副校长,1978年任校长直至离休。

## (四) 何慧婉

何慧婉,永顺县首车镇小干溪人,父亲是中国著名建筑工程师。1958年,她以优异的成绩考入华北航空学院,随后转入西北工业大学攻读导弹自动控制系。毕业分配时,她选择偏僻荒凉的、刚刚组建的军队科研单位,献身我军导弹事业,后担任中国人民解放军第二炮兵部队高级工程师。她在研究"火箭布雷车"制订《战略导弹射击密度评定方案》,以及在软科学范围内制定某规范和"海上自动爆破艇"等先进的、保密的、新式的武器装备和评定标准中,多次立功受奖,获得"全国巾帼建功标兵""全国三八红旗手"等荣誉称号。1994年3月8日《解放军报》以"一个土家族女的飞天梦"为题给予高度评价。

(本章由胡绮轩撰写)

# 第五章　流浪溪村

流浪溪村隶属永顺县西歧乡，位于西歧乡西部，是西歧乡人口最多的村。一条东起永顺长岗岭，西与龙山吉泽河交汇的下车河从村中穿过，把这个自然村庄划为南北两部分。该村地处中西部接合地带的武陵山脉中段，地貌以山地、丘陵为主，村如其名，鸟瞰村寨，其间有山涧溪流，古树参天。村落整体风貌保存完好，背山面水，展示出了原始农耕生活的画面。村落的地理位置将古代"天人合一"的思想表达得淋漓尽致，可称之为真正人杰地灵的"世外桃源"。村内有其独特的历史文化与传统风俗，村民世代扎根于此，传承着一代又一代人的精神与文化，生生不息。2019年6月，流浪溪村被列入第五批中国传统村落名录。

# 一、村落概况

## (一) 地理生态环境

### 1. 村落风貌

"白虎山下青瓦房,蜿蜒河畔戏农家",青瓦片的木质小屋,蜿蜒的清澈溪流,村民们朴实忙碌的农耕生活,展现了流浪溪村最原始的模样。流浪溪村四面环山,视野开阔,山上主要种植松树、竹子和一些杂木。村内有一条下车河,流经龙山县靛房镇、猫儿滩镇、隆头镇,汇入酉水,村落面向下车河,向山脚一侧排开,将村庄划分为南北两岸。放眼望去,山腰是层层叠叠的梯田,田里种满了水稻,古树参天,屋子依山而起,层层排列,村落的古街呈"丁"字形分布于传统建筑之间,规划布局井然有序,与周边自然环境肌理相融。竹林掩映,鸡犬相闻,颇

流浪溪村全景(袁立新 摄)

有陶渊明《桃花源记》里所述的画面感。土家族人崇尚万物有灵,聚落选址上讲究"物华天宝,人杰地灵",以山为依托,背山面水,则是吉祥之地,古语有云:"山不在高,有仙则灵;水不在深,有龙则灵。"流浪溪村正是受到大自然的庇佑,依山傍水,地理条件优越,"绿水青山"可谓是其真实写照。

## 2. 区域位置及生态环境

流浪溪村坐落在湘西自治州永顺县最西边陲，隶属永顺县西歧乡，距离县城33公里，位于武陵山系永龙山北麓下车河下游，东距西歧村1.5公里，北距合心村约3.5公里，南与和顺村对山乡相距7公里，西与龙山县靛房镇相距7.5公里。地处武陵山脉中段，境内地貌以山地、丘陵为主，平均海拔480米。田肥土沃，物产丰富，松柏、椿杉、楠木、杂竹满山遍野，是西歧乡森林资源最丰富的第一大村。全村森林覆盖率达到80%以上，生态环境良好，发展种植业有一定优势。全村总面积20.32平方公里，有稻田2050亩，旱地857亩，林地27000亩，退耕还林1万余亩，公益林9000多亩，山林山地面积28067亩，林业丰富，占地面积广。

村内主要有三条古涧，溪水清澈。三条古涧分别发源于村落后山王同坡、石头坡、茶树园圃，最后汇于北面绕村落而过的下车河。村内水资源丰富，土壤肥沃。流浪溪村属亚热带季风性湿润气候，热量充足，雨量充沛，四季分明。春季干旱多风，夏季高温多雨，秋季温和凉爽，冬季干冷少雪，平均气温16.8℃，平均降水量1388毫米，平均日照1298小时，无霜期278天，气候适宜。

由于气候优势和土壤条件，村落主要作物为水稻、玉米，也种植柚子、黄桃。村内的居民大多以种植为生，庄稼一般外包给农机合作社，村民种田主要是自给自足。流浪溪村很多村民外出务工，长居村内的居民一般是老人和小孩。该村落地势低陷，田高河低，灌溉条件不足，对村落的农耕产业有一定影响。2005年一条东接209国道，西至靛房镇的西靛公路修通，为流浪溪村的村民们带来了新的希

下车河（盛雨昕 摄）

村内小溪（盛雨昕 摄）

望，一定程度上促进了村落的经济发展。

村落整体的保存状况一般，一些寺庙、石桥都有一定的损毁。身临流浪溪村，仍然能够真切感受到村内民风淳朴，居民热情好客，尤其是一些老人，对村落有着特殊的情感和记忆，他们带着对村落的热爱与信仰世代守护着村落，看着一代又一代的村民繁衍生息。流浪溪村独特的地理条件、良好的生态环境、原始的村落风貌、丰富的历史文化都为该村落增添了一分神秘而又古老的色彩。

## （二）村落来源

清康熙年间姚正爵由浦市携眷来永顺，定居于首车矮子沟，后携次子大林、三子大材迁至永顺外白沙保奢卓湖。雍正三年（1725年），姚大林携眷由奢卓湖迁至下车保官元，操父旧业，从而形成村落。自清至今，流浪溪村已有290余年的历史，相传14代，繁衍人丁300余人，彭、杨、王、田、张、曾、邓、吴姓人先后投亲而居于此。1949年以前，西歧乡隶属三车乡（西歧原名下车，与首车、龙山县的龙车合称三车乡）。1958年，塘坊坪属下车保官元大队，隶属首车人民公社。1963年，西歧大队从首车人民公社分出，单独成立西歧人民公社，塘坊坪大队隶属西歧人民公社。1984年，西歧人民公社改为西歧乡，辖土伴湖、中坝田、瓦厂、小井、陈家寨、大溪、张家湾、西歧、纸棚、官元、塘坊、流浪溪、大竹岗13个村。2005年调整，官元、塘坊坪、流浪溪合并为流浪溪建制村。

流浪溪村地势险要，固若金汤，为劫匪常争之地，北有梨子坳、立碑

# 第五章
## 流浪溪村

坳,群山围寨,南有白子坳、马峡坳戍边,东有雀尖峻岭、马鞍山铜墙铁壁防渗,西有岩洪潭天堑紧锁,古为湘川越境要塞,素有"一夫当关万夫莫开"之赞。中华人民共和国成立前"湘西事变",势逼永顺府行政专员周海樊削下府台乌纱,县长黄鹏削职弃权,兵匪烧杀淫掳,民不聊生,鸡犬不宁,但流浪溪的百姓众志成城,单凭这里地利人和与之抵抗,匪首宋嘉祯曾几次率兵攻寨未遂,该村百姓室不失针,栏不失牛,乱中安生有序。

现在的流浪溪村由官元、塘坊坪、流浪溪三个老村合并而成,总称为流浪溪村,三村也各有传说与历史色彩。

一是官元。相传,远古土司王女率央与僚兵作战,土兵大败至离此20里的村寨,丢盔弃甲,故称现永顺县对山乡"脱甲村",再由脱甲村翻山越岭,逃至大沟洋,幸得当地张、罗、覃三姓相救,免缴皇粮国税,故称此地为"官免",后逐渐改名为"官元",在此安营扎寨的后山取名为"营山"。营山再败马鞍山下的田原上点兵,溃不成军的兵员不多不少仅剩八百人,故名此地为"八百田",直传至今。二是塘坊坪。古湘西一带据说每隔25里为一圹,包括恰素圹、浮皮圹、撩竹坪圹、靛房圹等。姚大林从奢卓湖迁入撩竹坪圹,并修建一座姚氏当坊土地堂,从此,荒凉无人的"撩竹坪"便得名"圹坊坪",也就是中华人民共和国成立后的圹坊村,后改名为"塘坊坪"。流浪溪村村部设于塘坊坪,村内的大姓——姚姓,主要分布于此。三是流浪溪村。流浪溪村原是深山老林,除了豺狼虎豹,荒无人烟,据考鲁、向、熊三姓始祖墓碑而得,向氏始祖名世张,由何处流浪至此无据可查;鲁氏始祖名文炳,由鲁氏总系首车支系流浪至此;熊氏始祖名玉人,由龙山县他砂乡流浪至此。清雍正年间,三姓随水流浪至此,结拜为异姓兄弟,故把此地定名为"流浪溪"。他们联手开拓这片沃土,传宗接代,并立约三姓不联姻。修建一座土家神堂(现已毁),前植三株杉树,三兄弟跪于树前立下山盟海誓:虽不同母生,但愿共难而活。现今向、鲁、熊三姓的后人仍居于村内。2005年村级区划调整,官元、塘坊坪、流浪溪合并为流浪溪村,人们就习惯地把原三村总称为"流浪溪村"。

## （三）村落人口

截至2019年8月，流浪溪村有187户居民，其中长期居住在村里的村民约有500人。流浪溪村是一个汉族、土家族共居的村落。村落中主要姓氏是姚姓，主要分布在塘坊坪自然村。此外，还有向姓、郭姓、彭姓、王姓、田姓等其他姓氏。村里至今还保留着姚氏族谱，详细记载了该姓氏的源流。

## （四）经济社会发展状况

自改革开放以来，彭英雄所办的木材加工厂，两台锯木机昼夜轮流不息，他早已成为百万元户，村民的经济收入较改革开放前也与日俱增。流浪溪村山清水秀，风景优美，实乃物华天宝、人杰地灵的鱼米之乡，故素有"小南京"之称。

老一辈村民们心中感谢党的好政策，恢复高考，使得他们的子女有了更多机会。截至2020年7月，已有专科生72人，本科生18人，硕士研究生5人，博士生3人，博士后2人，这些从流浪溪村走出去的知识分子，无论他们身处何处，都不会忘记生育滋养他们的这片土地。

改革开放的春风，吹绿了流浪溪村的田地，也让流浪溪村赢得了众多荣誉和口碑。2008年西歧乡党委和乡政府授予流浪溪村党支部"创先争优的优秀农村党支部"称号。流浪溪村2009年被授予"优秀村"的光荣称号，2019年被列入第五批中国传统村落名录。流浪溪村人代代以耕种土地为生，土地是村民们的依靠。

从中华人民共和国成立至今，农村土地政策几经变革，逐步完善，土地在村民手中能够发挥更好的生产作用和经济效益。农业产业结构调整以后，这个古老又神秘的山村脱胎换骨，村民跳出传统农业的圈子，积极种植粮食和各种果蔬，取得了较好的经济效益，加之青壮年外出务工，生活质量实现了大飞跃。特色林果业、商贸业、养殖业,大大拓宽了村民致富的路子,使得村民们愈发干劲十足。

为大力实施精准扶贫,加快发展、加快脱贫、全面建成小康社会,流浪溪村结合实际,制定了2015—2020年驻村扶贫发展规划,修建了新村部,以增加村民收入为目标,不断改善生产生活条件,加快村落脱

村内民居(袁立新 摄)

贫致富奔小康,努力实现农民富、集体富、村干富"三富"目标。在党的领导和号召下,截至2020年底,流浪溪村已实现全面脱贫目标,其发展也取得了显著成果。村民们齐心协力,携手奋进,修好了村道公路干线,修通了组道公路,条条步行硬化路到户,电网改造同步进行。村民经济效益翻倍了,消费观有了转变,自来水通到各家,村民们从以前在下车河里洗衣服、洗澡,到现在每家都能在自家冲凉,生活用水更加便捷。外出务工的年轻人挣钱后在村内修建新房子,添置了冰箱、电饭煲等日常用品,做饭开始电气化,耕田拉车不用牛,卖货购货不用肩,走亲赶集不伤脚。生活条件变好了,走出村子的人也越来越多,年轻人去县城里谋求更好的发展,留在村内的多为一些老人和孩子。父母希望孩子能接受更好的教育,村里很多孩子都随父母到乡镇小学读书。

## 二、文化遗产

### (一)物质文化遗产

#### 1. 木质房屋

流浪溪村的房屋整体以木质、青瓦片为主,村寨内部有通村公路穿

木质房屋（袁立新　摄）

过，房屋主要由松木制成，防潮能力更强，雕花木门，建筑制式均为五柱四骑和三柱六骑，三开间、穿斗式木架结构。小青瓦屋面，立柱为柏木，穿拉枋为松木，杉木装板，堂屋六扇门，内设神龛。台面用青石垒砌，天坪为水泥地面。雕花构建较多，有福、寿等图案。一进门，堂屋内正对的是供奉祖先的牌匾，屋顶梁木画太极八卦图案，正面有神龛，贴有"天地国亲师位"家神，家神两边贴家规家训。三开间房屋，大体呈虎坐形，"左青龙，右白虎"，中间为堂屋，左右两边称为饶间，为居住、做饭之用。饶间以中柱为界分为两半，前面作火塘屋，后面作卧室。六扇门是流浪溪村房屋的特色之一，六开的大门，六根柱子，讨个彩头，六六大顺。土家族人的背篓、箩筐等竹器农具也悬挂在火塘上方或堂屋左右墙壁上方，以防虫蚀腐烂。

土家吊脚楼在村内并不常见，一般村民的屋子会把基地起高一些，用石头撑起柱子，以达到防潮的效果。与众不同的是，流浪溪村的传统房屋有些建了两层，第二层一般用作卧室，如果家中来了亲戚或客人，则可以在第二层的房间睡觉。一些传统木质老屋因长久无人居住、打理，已经布满了青苔，显得有些破败。

### 2. 姚祖宇房屋

姚祖宇房屋有古朝门，位于主体建筑左前方，以吊瓜作为装饰，意味着丰收。对于农民来说，每年丰收便是最幸福的时候，朝门上的装饰也表达了村民们对美好生活的期望。房屋门窗上刻有精美的蝴蝶雕花的图案，因"蝶"与"耋"谐音，取同音的彩头，有老人长寿的寓意，其特有的文化形象表达了村民淳朴的愿望。

第五章
流浪溪村

古朝门（盛雨昕 摄）　　　窗户蝴蝶雕花（盛雨昕 摄）

### 3. 姚小文房屋古家具及生产劳动工具

柜子（盛雨昕 摄）　　　灶台（盛雨昕 摄）

◀ 木桌（盛雨昕 摄）

▼ 石臼（盛雨昕 摄）

村内遗留下来的历史物件主要包括明清时期的家具,上面配有精致的雕花,即便布满了灰尘,依旧能看到其工艺的精湛。除家具外,还有一些过去生产劳动所需的工具,例如打糍粑的石臼、给水稻去壳的舂、磨豆子的石磨等。据此屋的主人所述,原本其先祖并不是大户人家,这些物件都是先祖勤劳所得,一点一点攒下来,传给了后代子孙。先祖勤劳致富的精神也深深影响着后代,告诫后辈们要靠自己的双手打拼家业,创造更多的财富。

### 4. 古街巷

通向村部的路上,有一排长长的古石墩,历史悠久,过去村民走路累了则可以在石墩上小憩,现在这一长排石墩历经风雨,仍然守护着流浪溪村,也成为村内孩子们玩耍休憩的地方。村内一条古石级用石头铺砌而成,可以看到石级上布上了些许青苔,保存较为完好,反映了村落的古朴,为村落增添了一分历史感。村内的古街巷形成于清代,呈"T"字形分布在村内民居之间,全长约300米,用石板铺筑,现部分已遭到毁坏。

### 5. 古井

村内有两口古井,形成年代均为清代,供村民生活饮用。古井呈拱形,用石板搭建,主要为了遮挡泥土进入古井,保证村民用水质量。古井也是村落文化的重要部分,说明历代居民主要靠凿井用水。尽管现在家家户户通了自来水,但村民们仍没有忘记过去用水不便时,这两口井养育了他们,可以说古井见证了流浪溪村的发展。

### 6. 古花桥

村内有一古花桥,初建于乾隆十五年(1750年),民国八年(1919年)六月二十九日,大雨倾降,山洪暴发,桥被洪水冲毁,于1953年村民们集资重建,而后,桥的横梁上写着重建日期,画着太极样式的图案,桥上立有一块牌匾,写着出资重建人员名单,并举行了上梁仪式,纪念桥的落成。古花桥主要由松木制成,两侧设有松木长凳,供村民们休憩,夏天村民们晚上会到桥上乘凉,这里蚊虫较少。桥下是村内一条小涧,汇入下车河,过去自来水没有入户时,各户人家都在下车河洗衣服、洗澡,是村民的主要生活用水。据说,过去古花桥的北面山上住着一户姓王的人家,过春节时本寨人哪家先放了鞭炮,哪家就能先吃春节晚饭,而对面村寨的这户人家就要一直等着,直到这边鞭炮扫尾,才能开始放炮吃团圆饭。这也是村寨与村寨之间所独有的新年仪式。

古花桥最初只是用木板搭建的一个简易桥,上面用泥巴和树叶搭起来,通向河对岸。红军长征途经此地后,在原址上建了这座松木桥。站在古花桥上,放眼望去,是流浪溪村的村民们种的水稻,整齐排列在田里。古花桥真实地反映了当时的建造工艺,对研究村落的历史文化有着非常重要的历史价值。

古花桥长廊(盛雨昕 摄)

古花桥(盛雨昕 摄)

### 7. 古树

据考,村内曾有多棵古树,但后来由于自然原因大部分古树已损毁,仅留下一棵古老的红椆树。这棵红椆树高耸地矗立于山上,枝叶繁茂,树干粗壮,从古树往下望去,整个流浪溪村一览无余,只见层层叠叠的山峰,错落有致的屋子,蜿蜒绵长的公路。这棵古树仿佛一位历经沧桑的老母亲一般,静静地守护着村落,孕育了一代又一代子孙,古树的年轮也见证着流浪溪村悠久的历史,象征着古老的村落文明。

## （二）非物质文化遗产

民间风情与民间艺术是对一个村落的外在展现，与村民们的日常生活、生产劳动、节日庆典密不可分，大多数传统民俗来源于生活，是对辛勤劳作的村民们的赞扬与歌颂，对村民生产生活场景、农耕文化的描绘。流浪溪村的传统艺术已深深渗透到村民的生活中，也正是因为这些原汁原味的传统民俗文化才使得一个村落能够世代延续，在现代文明中依然保持着鲜活的生命力。村落原生态的自然环境和别具风味的民间文化吸引着越来越多的人来到流浪溪村，探索这个神秘而又古老的村落。

### 1. 打溜子

土家打溜子是一种古老民间器乐合奏，历史悠久，曲牌繁多，技艺精湛，表现力丰富，在永顺、龙山、保靖、古丈4个县68个乡镇盛行。流浪溪村打溜子是最频繁的庆祝方式，早已成为村民生活的一部分。村里逢年过节，或者村内办喜事，都少不了打溜子，这也是村民们日常生活的娱乐。打溜子的乐器就存放于村部，村内有庆典时大家拿上这些"家伙儿"，在村部搭起舞台，就开始了一场听觉盛宴。打溜子乐器主要由溜子锣、头钹、二钹、马锣组成，每个乐器都在乐队中发挥着不可替代的作用，各类音色融于一体，又颇具层次，缺少一个就少了一分民族味道，独特的乐器组合创造出了一种独属流浪溪村的音乐，浑然天成，似乎是大自然赐予流浪溪村的天籁。

土家溜子曲牌代表作有《闹年关》《观音坐莲》《扭插秧》等，这种艺术形式将中华民族传统文化渗透其中，将我国的神话故事、传统风俗、当地村民的生活通过打溜子的艺术形式呈现出来，是有情怀、有深度、接地气，值得一代又一代人传承下去的民族艺术。

### 2. 阳戏

阳戏属民间小戏，以唱、做为主，念白用当地语言，表演程式简单，具有较强的地方色彩,易学易唱,因此更受村民们喜爱。主要唱腔的尾声行腔部分均用小嗓(假嗓)翻高八度润色,独具风味。阳戏多数演悲苦戏和抒情喜剧,唱腔抒情,紧贴生活,主要是在春节期间流动演出和村民平时娱乐。"打溜子"是阳戏的主要伴奏之一,锣鼓声与阳戏曲调融合,用民族乐器烘托戏曲,使得阳戏的特点更为突出,剧目的层次更为丰富,为阳戏剧目增添了地方色彩和民族风情。阳戏采用方言念白,这在无形中拉近了与观众的距离。在表演上阳戏手法、眼法极为丰富,步法多样,将不同人物的不同心理状态展现得惟妙惟肖。多样化的表现方式,贴近生活的内容,使村民们兴趣萌生,产生共鸣,阳戏也因此一直受到众多村民的热爱。

  阳戏在流浪溪村较为盛行,主要是由于其表演简单而贴近生活,其表演艺术充溢着浓郁的生活气息和乡土气息,地方特色鲜明,村民们易学,平时下地务农或在家赋闲时就能哼上两句,不需要过多的技巧,是村民们闲暇娱乐的好方式。

  此外,阳戏能够成为流浪溪村的一项特色,也是因为一位名叫彭水莲的村民对阳戏的执着。在流浪溪村有一个承载着阳戏梦的剧团,这里生长着一群阳戏热爱者,他们热爱舞台,热爱阳戏,热爱传统戏曲。流浪溪村的村民彭水莲组建了梦圆阳戏剧团,剧团的名字很有寓意,"梦"取梦想的意思,"圆"取圆满的意思,顾名思义,"梦圆剧团"则是希望梦想能够获得圆满,这是彭水莲对剧团的期望,同时也寄托了彭水莲对阳戏的特殊情感。在春节或清明节时,梦圆剧团会在村部的小舞台表演,有时也会到邻乡或县城参加演出和比赛。据了解,除了阳戏外,梦圆剧团也参加过土家摆手舞的比赛,并获得了优秀成绩。方言戏剧具有独特的魅力,每次都能吸引大批村民前去观看。一场阳戏选段,演员们大概需要排练两个多星期。

  阳戏内容主要是一些古装故事,例如《天仙配》《破碗计》《孟姜女》等,现代阳戏主要有《捡田螺》《边城雾》《爱扯谎的婆娘》等。梦圆剧团演出的剧本主要有《状元与乞丐》《打仓救主》《卷席筒》《吴祥抢亲》《生死牌》等。

### 3. 土家年

流浪溪村的传统风俗主要有过春节守年,家里人欢聚一堂。每逢新年,将门上旧的春联撕下,换上新的,打好糍粑,杀一头猪,腌制成腊肉,以此迎接新年的到来。大年三十,全家围着灶烤火,摆龙门阵,点明灶灯候财神爷,宣布明春农务,通宵灯火不熄,直到五更鸡啼抢年迎农神入室,全寨烟花爆竹此起彼伏,直到天亮。正月初一、十五两天"打牙祭",新年初一出行探亲,敬长辈拜年纳财,或上山打猎,或扎台玩戏,玩龙灯舞狮子,直到正月十五元宵节。

### 4. 特色美食

流浪溪村的饮食文化也是极为丰富的,逢年过节,一般会做蒸肉、熬肉、炒肉、糍粑,糍粑可以吃到第二年五月。糍粑一般用火烤,有专门烧糍粑的火架子,农忙时,下农田干活带一块,用火架子稍稍烤一会儿,糍粑就软了,香软可口!冬至之后杀猪,放上花椒,抹上盐后腌制10天,再挂在火塘屋上方的廊架上,将肉熏干。在端午时节,村民一般会做粽子粑粑,用厚的树叶子将糯米团包起来,蒸一下,里面馅料可以包豇豆、花生、芝麻等,吃起来香甜入味,沁人心脾。除此之外,逢年过节村民们会在家中手工制作酸菜、醋菜、甜菜粉粑粑、红薯粑等。

### 5. 独特的建屋风俗

现在村里修建新房子的人比较多,比以前更加重视房子风水的问题,认为房子的朝向对工作、生活均会产生一定影响。先前,村内大多数人在建房之前都会请风水先生看八字,看位置,看房子的朝向与自己的八字是否相合,东西朝向以及坐北朝南可以起屋子,坐南朝北的方向不能起屋子。修建新房也要讨个彩头,期望家庭能够和和美美,亲人能够团团圆圆。坐南朝北的房子,由于坐向是祖向,面向是官向,村民认为这是对祖先的不敬,也会影响仕途、官运。

## 三、重要人物

　　流浪溪村曾是红军长征经过之地,村内出了姚绍元等英雄人物,具有浓厚的红色文化色彩。1935年初,红军到西歧寨、塘坊坪一带打土豪,派人到万云山劝说姚绍元参加红军。姚绍元军率领全队50余人枪加入红军,并动员两个弟弟及村中18名青年参军。

　　姚绍元后任连长,在当地开展革命活动。1937年任八路军三五九旅连长,在山西省抗日前线阵亡。

（本章由盛雨昕撰写）

# 第六章　西龙村

西龙村隶属永顺县西歧乡,位于永顺县西北部,距县城20公里。该村东连双凤村,南连传统村落大井村,与二古村落呈"品"字形分布。西龙村依山傍水、山清水秀,一河多溪交叉缠绕在村寨周围,山中树木葱郁,山涧河水清澈。整个村寨依河依山而建。村庄群山环绕,犹如巨龙蜿蜒盘旋,又处在县城西方,故名"西龙村"。2019年6月,西龙村被列入第五批中国传统村落名录。

# 第六章 西龙村

## 一、村落概况

### （一）地理生态环境

西龙村是西歧乡的南大门。村域北接幸福寨村、东邻双凤村、南抵大井村、西至西歧村。

西龙村为自然村属性，村落形成于清代，地势东部高、西部低。东与灵溪镇接壤，南邻原大坝乡，西接土伴湖村，北部与中坝田村相交。独特的地理环境使西龙村的选址和分布格局也呈现出一定的特色。房屋朝向以河为界，河北靠山坐北朝南聚居，河东靠山坐东朝西聚居。这两种房屋构造选址与格局既暗合阴阳五行中"负阴抱阳、背山面水"的风水理念，又能享受到充足的阳光照明。

西龙村地处武陵山脉中段，村内地貌以丘陵为主，村内有两条河。一条称泗溪河，源于西龙村透底沟，河宽20～40米，另一条为小溪，名为"玉带溪"，从村寨中间穿过。全乡森林覆盖率80%以上，有常绿阔叶林——杜仲，以及常绿落叶阔叶混交林。

西龙村全景（袁立新 摄）

西龙村依据寨中的一条"S"形小河层层分落。在主体空间上，寨子主要集中在"S"形河流东部与西部，东部地势较高，一定程度上避免了水患，西北部则能享受更多阳光。小河两头的村寨由几座简易木桥贯通，寨巷通道一部自东向西,一部自北向南,称为"街",连接"街"通向各户家中的小路称为"巷"。大多数古井、古水渠在"巷"周围,这样便于村民饮水及生活用水排放。

## (二)村落来源

溪州向氏起源老祖公向宗彦,向宗彦在晋朝官拜武安军节度衙前兵马使、前溪州左厢押衙、银青光禄大夫、检校太子客兼御史大夫、上柱国。向宗彦于后晋天福三年(938年)奉楚王马希范之令征讨溪州土王彭士愁。土王兵败,双方议和,立铜柱于会溪坪。后向宗彦受朝廷令镇守与溪辰二川交界之地沅陵,举家从江西吉川迁居于此,一是替朝廷监视土王彭士愁,二是协力土王发展溪州经济。向宗彦六代孙向天礼受晋朝廷钦封为车骑大将军,改汉籍入土籍,带兵入驻古溪州,全力维护溪州土王彭氏政权(后世子孙皆世袭其官职,至清雍正改土归流)。子孙向志德又受土王爵令举家从沅陵迁居古溪州腹地小农村驻守。随着家族人口发展,向志德之孙向子茂又迁往灵溪诺西驻守,向子茂之孙向尔俊又携三子向有仁于清顺治末年再次迁往永顺小井驻守。

古溪州山路凶险,行走极为不便。溪州土人所居之地离土司王城相距甚远。为加强辖地管理,土王特令向天礼所有后人子孙必须分居溪州各地驻守,分别负责各自所属之地方圆十里民心安稳。为促进向氏后人快速繁衍、发展,尽快遍布所辖之地,土王特许他们在溪州肥沃重要之地插标圈地,为向氏后人发展创造坚实的物质条件。于是,在清顺治末年,向尔俊长子向有忠、次子向有孝奉土王爵令从灵溪诺西迁往与龙山接壤的方家沟驻守,向尔俊携三子向有仁迁往楚湘→溪州→四川→重庆重要陆上西出交通要地"小井",这才有了小井向家古寨。

向家寨居住区在清朝时名为小井,清顺治末年,向尔俊父子奉命驻守后,改名小井堡。民国时叫三车乡,三车是首车、龙车、下车。1958年,西歧隶属首车人民公社,小井分为小井生产大队与陈家寨生产大队。1963

年,西歧大队从首车人民公社分出,单独成立西歧人民公社,公社机关地址由西歧寨迁至黄泥堡。1984年,西歧人民公社改为西歧乡,更名为西歧乡小井村。2005年,乡政府又把陈家寨村、小井村合并为西龙村。

### (三)村落人口

西龙村以土家族、苗族为主,主要姓氏为向氏、陈氏,分布在西龙村向家寨。截至2019年8月,西龙村户籍人口1000人,常住人口为560人,总户数120户。

### (四)物产与特色产业

受当地气候环境和地形因素的限制,西龙村的主要物产以水稻、玉米为主。水稻在每年的开春二三月播种,八九月收割,农作物生长周期五六个月。从春天地温稳定在14℃以上开始,直到10月5日(枯霜期)前的玉米整个生长期(生长天数)前(一般在4月10日至6月30日)的任何一天都可播种。水稻亩产1000斤。步骤:播种—育秧—移栽(插秧)—水田管理(灌水、除草、防病、治虫)—收获。在采用直播的地里,没有育秧这一步,而是将种子直接播在水田里。玉米在四至五月播种。其中,玉米亩产800斤。

当地的农副产品主要是竹制品,以几百年传统手工制作织成各种各样的竹篾制品供生产生活所用,同时,也可作为一种产品相互交易。近年来西龙村开始种植玫瑰、樱桃、紫薇等。

村民收获水稻(袁立新 摄)

竹籨箕和竹背篓（石兴慧 摄）

竹篮（石兴慧 摄）

西龙村水稻田俯瞰图（袁立新 摄）

## （五）经济社会发展状况

截至2019年8月，西龙村总面积18.8平方公里，耕地面积1732亩，其中稻田面积1263亩、旱地面积469亩，山林面积24297亩。全村11个村民小组446户2096人，有劳动力1305人，其中外出务工人员1218人。

以前，为了生活所需，同村之人开始进行商品置换。后来，因同村辖域太小，村民之间的交易不能更好地满足生产生活，于是便形成了村与村之间的商品交易。再后来，又形成了以某个中心村为集点，附近十里村落共择一个日子定为商品交易日。每逢此日，所有相邻乡民便集于此村进行交易。至此，便形成了早期土家集市。距离向家寨不足十里的下河"盐井"村，就是这样一个集市。每逢农历三、八之日（如3日、8日、13日、18日，周期为5天），村民清晨从家里出发，背上自家产出的物品赶往集市进行交易，回家时再采买自己所需之物，相邀回归。其交易商品种类繁多，如生产的工具、生活上的衣食布匹、喂养的牲畜等。除了这些，集市后来又形成了另一大功能，即为年轻的土家男女提供相见相识的机会，一旦双方满意，男方就会聘媒人去女方家说亲，女方父母满意后，双方家庭就会择日完婚。

## 二、文化遗产

### （一）物质文化遗产

#### 1. 传统建筑

西龙村传统建筑主要沿山涧溪流分布，依山势而建，最佳屋场建筑布局遵循"左青龙，右白虎，前有照，后有靠"。古旧建筑基本保存完整，其建筑集汉族四合院与土家吊脚楼精美造型于一身。部分设有朝门和天井，天井为四合井，内配置岩板塔和较简易的排水设施，四合井的塔角都有下水道，甚是壮观得体。古朝门主要供家人进出，有保佑全家平安的作用。

土家族吊脚楼作为一种特殊的民间居所，是土家族人在长期的社会

吊脚楼（袁立新　摄）

生活中为适应自然环境而建造的。吊脚楼源于春秋战国，兴盛于唐宋，彭氏政权统治湘西后，吊脚楼开始全面发展。清初，中央政权对土家民居规模实行限制，清雍正年间解除梁柱、盖瓦之禁，吊脚楼又广泛流布。中华人民共和国成立后，特别是改革开放之后，土家族聚居区居住条件有较大发展，吊脚楼的建造工艺达到顶峰。如今，随着社会进程的加快，吊脚楼逐渐被现代建筑所取代。

土家族吊脚楼多为木质结构、干栏式建筑，均飞檐翘角，四面有走廊，悬出的木质栏杆上雕有万字格、亚字格、四方格等象征吉祥如意的图案。

吊脚楼一角（袁立新 摄）

悬柱有八棱形、六棱形、四方形，底部雕刻有绣球、金瓜等各种图案。窗棂刻有双凤朝阳、喜鹊登枝、狮子滚绣球以及牡丹、菊花等各种图案，古朴雅秀，美观实用，具有鲜明个性和民族特色。

吊脚楼的形式多种多样，主要有单吊式吊脚楼、双吊式吊脚楼、四合水式吊脚楼等，具有无坎不成楼、无瓜不成趣、不转不成楼等建筑特征。房屋制式多为三柱四骑、三开间、穿斗式、歇山式。雕花构件较多，有"寿"字图案窗花、"喜"字图案窗花，配镂空卷草纹图案。吊脚楼有吊瓜、万字格栏杆做装饰。有浮雕图案，以花卉鸟兽为常见，柱头落的磉墩（柱础）都是技术高超的岩匠精雕细刻的产物，多呈鼓形或棱形，刻有花卉或线条图案。

传统建筑在功能布局上大多中间为堂屋，两边为火塘屋，火塘屋后为卧房。堂屋是吊脚楼最重要的一间房子，占据整栋楼房的正中间。整栋楼房无论多少户，都共用一间堂屋，祭祖、祭神、男婚女嫁的礼仪，都在堂屋进行。堂屋开对字门，两扇万字窗格，进门枋高于其他门枋。堂屋内不铺楼板，意思是连天接地。屋顶梁木画太极八卦图案，正面有神龛，贴"天地国亲师位"家神，家神两边贴家规家训，堂屋是传承香火、正肃家风的神圣地方。

火塘屋在堂屋的左侧或右侧，屋中挖一火坑，上方吊一廊架，用于挂熏腊肉、香肠、血豆腐等。土家族人的背篓、箩筐等竹器农具也悬挂在火塘上方以防虫蚀腐烂。火塘屋是山民做饭用餐、冬寒取暖、休闲聊天的场所。

第六章
西龙村

## 2. 向隆恩古堡

西龙村的标志性建筑是向隆恩古堡。古堡建筑遭遇过两次毁坏。一次是民国八年(1919年)天降暴雨,形成滔天洪水,堡外防御城墙皆被水毁,只留下巨大基石。另一次是1967年修建通村公路,公路穿向家内城而过,致使错落有致的内城又受到了巨大损毁。再加上家族败落,修建于清朝早期的房屋无力维修而逐渐倒塌,现仅存的清代古建筑只有三栋,向隆恩古堡就是其中的一栋。

古堡建筑集汉族四合院与土家吊脚楼精美造型于一身,建筑外观整体保存较好,坐北朝南。吊脚楼为悬山穿斗式木结构,三柱四骑,小青瓦屋面。内院天井,精美窗花,雕花石础,立柱为柏木,穿拉枋为松木,台面用青石垒砌。吊脚楼有吊瓜、万字格栏杆做装饰。建筑有朝门、天井,院子中轴线

向隆恩古堡正面(石兴慧 摄)

为主体正屋。第一进为门屋,第二进为厅堂,第三进为闺房,是家属活动空间。所建材料,因地制宜,就地取材,放弃了青砖而选用了当地盛产的木材。

向隆恩的老屋是小井向家寨向氏起源老祖公向尔俊在清雍正年间所建。为图家发人兴,后世子孙富贵,在挑选建屋的木材上很有讲究,构成屋的四根中柱必须是柏树、枫树、猴梨树三种,其他木材一概不用。柏树又叫柏子树,寓意"百子",枫树的"枫"寓意封官的"封",猴梨树的"猴"寓意为"侯",三种树木在一起象征着后人"百子封侯"。

古井(石兴慧 摄)

### 3. 古井

古井4处,形成于清代。位于向庆艳屋后,反映了历代居民主要靠凿井用水。古井现已用混凝土搭砌,并用木板遮挡雨水灰尘。

### 4. 古墙

古院墙1处,形成于清代。古院墙占地较大,如一个环形的军事城墙。城分里城、外城。外城墙基石巨大,墙基上用砖石垒成,并镶有块土土颁布的"文武官员,到此下轿"石碑一块,墙高两丈有余,有总朝门、哨口、射击窗。城内分多个院落区,院落之间又被青砖垒砌的墙壁分隔,此种分隔一是防御,二是防火。院墙现仅保留部分内城墙,但外墙墙基还在。

古墙基1处,形成于清代。主要是防止墙体受潮、受损倒塌,稳固墙体。墙基全部为石块或条石堆砌,石块呈人字形整齐排列,条石为大块的整石。

### 5. 古石板坪

古石板坪1处,形成于清代。主要供村民公共活动或者晒谷。该石板坪全部由整块的青石板铺砌,虽已历经风雨,部分石板已经开裂,但整体保存较为完好。

### 6. 古花桥

古花桥1处,形成于清代。清顺治末年,向尔俊父子二人亲自带领当地居民开荒造田,传授耕种技术,并在"巴不得"河上修建了四座花桥供人出行。保留至今的一座花桥为风雨桥,其上有供行人休憩的长条座椅。

# 第六章
西龙村

古花桥(石兴慧 摄)

古石拱桥1处,形成于清代。主要为满足交通需求。古石桥全部利用自然石块垒砌,呈圆拱形,结构稳定,至今保存完好。

### 7. 古官道

古官道1处,形成于乾隆二十年(1755年)。向尔俊父子出资修缮了楚湘经溪州通往四川、重庆一段极其难行的官道。为便于通行,用古青石板从山脚一直铺到山顶。古官道总长为2公里,使险道变坦途。

### 8. 古碑刻

古碑刻1处,形成于乾隆二十年(1755年)。古碑文记载了灵溪向氏后裔为了方便路人通行,用石板修缮了极其险峻的通往里耶、四川古官道的事迹。

### 9. 古墓刻

古墓刻1处,形成于清代。古墓刻记载了向永祺生前的官位为奉直大夫;嘉庆十八年(1813年),土王册封溪州向氏后裔土地的方式。

### 10. 古楠木

古楠木1处,形成于明朝。金丝楠木是中国特有的珍贵木材,该木材有香气,纹理直而结构细密,不易变形和开裂;在历史上金丝楠木专用于皇家宫殿、少数寺庙的建筑和家具。金丝楠木中的结晶体明显多于普通楠木,木材表面在阳光下金光闪闪、金丝浮现,且有淡雅幽香。西龙村盛产金丝楠木,有多棵古树。

## (二)非物质文化遗产

### 1. 神话传说

西龙村曾经有过一段段美丽而精彩的民间传说,这些都深深地展现出当地文化的风采,村民对美好生活的向往和追求,同时也反映出他们创造历史与生活的艰辛。神话故事中蕴含了丰富的美学价值与非物质文化遗产价值。

(1) 西龙之龙的传说

民国八年(1919年)仲夏的一天,向世宣早早吃过饭后,扛着犁地用的工具,牵着牛,像往常一样往山里走去。

一出家门,他便歪着头斜眼看了一眼煌煌太阳,情不自禁地嘀咕一声:"这太阳要晒死人的!"嘀咕完了,他赶着牛便往山里走去,不一会儿便到了。他放下工具,让牛在旁边吃草,自己蹲在太阳晒不到的地方休息,擦了一把汗水,掏出旱烟开始抽了起来!休息得差不多了,他便站了起来,放好犁地工具,把牛套好,开始犁地。

到了晌午时刻,地也犁了大半,看样子只需再犁一个时辰就可以了。突然,他惊奇地发现一条金光闪闪的四脚小蛇,有鳞有角有胡须,出现在面前,炯炯有神地盯住他,朝他爬来。他吓得忙举起手中打牛的竹条,心想:"再过来就把你打死!"刚这样一想,蛇一下就没了踪影。他停下来,四处寻找,找了好一阵还是没再见蛇的身影。他边想边继续犁地,犁着犁着,原本好好的天气,突然乌云密布狂风大作了,其中还有闪电划过,闷雷声也由远而近传来,好像不要多久就会大雨倾盆。于是,他急忙喝住牛,解下牛套,扛起犁赶着牛,便匆匆忙忙回到家中。

过了好一阵,乌云越来越黑,狂风也越来越大,闷雷响得更是让人心惊肉跳。寨中所有人被这从未见过的天象吓得早早归了家,大人们皱着眉头,小孩们蜷缩在父母身边。

到了晚上,狂风呼啸得更加厉害,闷雷就像是神龙向苍天大地发出的怒吼,一声更胜一声,仿佛想用这吼声刺破苍穹、撕裂大地!突然一声惊天霹雳,顿时震得地动山摇!就在小孩吓破了胆的哭声中,暴雨倾泻而下。于是雷声、雨声、小孩的哭声混在一起响彻了整个山寨,只不过半个时辰,寨中河中洪水猛涨,不一会儿,洪水便冲出河床往地势偏低的人家冲去。顿时,呼儿唤女声,喊帮忙搬家声惊动了寨中所有人,大家冒雨冲了出去,抱的抱孩子,背的背老人,搬的搬东西。

就这样在惊慌与忙碌中不知过了多久,天终于亮了,雨也停了,大人们才得以喘息,各自跑回家中看自己的儿女是否都在。见全寨人还算平安,大人们才又聚在一起,沿河查看,发现冲毁房屋三间,寨中几百年沿河城墙大半被毁,山体垮塌淹埋良田一百多亩。

事后,向世宣将白天所见之奇事告诉寨中所有人,寨中老人听后都摇头叹息,其中最长者说:"世宣,你所见之物不是蛇,而是潜在地里修行的龙,它到世上向凡人讨口封,你不封它也就算了,还认为它是一条蛇,进而要打死它,它当然发怒!记住,今后只要见了一些异象,一定要多说好话、奉承之话,不可心生恶念!"

从此之后,世宣见了龙的传说便一代代传了下来!

(2)"落凤坡"的传说

乾隆二十年(1755年),向尔俊父子出资修缮了楚湘经溪州通往四川、重庆一段极其难行的官道。这段难行的古官道还有个古老传说:相传此官道存在千年,当年土王吴著冲无道,欺压当地土著居民,闹得天怒人怨。溪州刺史彭士愁奉楚王之命前来征缴。彭士愁到了溪州后,先是用计成为吴著冲女婿,后收买其手下,于吴著冲大寿之日突发兵谏。吴著冲兵败,携其妻及残兵沿此官道逃亡,当逃经此地,崎岖难行,艰难行进中突然从山顶滚下一巨石,吴著冲妻室受惊跌落山涧而死。从此后当地人便将此地叫作"落凤坡"。直到向尔俊父子用古青石板从山脚一直铺到山顶,此"落凤坡"方才变坦途。由于向尔俊父子种种仁义之举,方圆几十里的土著居民极其拥戴,至此从清顺治末年到清王朝灭亡,向尔俊父子所辖之地没有发生过一起民变。

(3)"仙人地"的传说

嘉庆癸丑年,向朝恩老太公体弱多病,吃完年夜饭后便早早地睡了,初一接受完儿孙拜年后,身体更是不佳。正月初八与世长辞,全家悲痛万分。在法师超度完亡灵大葬之夜,突然北风凛冽,不一会儿便大雪纷飞。儿媳甚是担心,如此大雪明天如何将老父送上十里开外的青山安葬?由于几个通宵为父守灵,她累得在焦心中昏睡过去。梦中,她遇见一位白发白须老人,便将自己所担心之事告之。白发老人捋须大笑说:"这事不要急,在你家祖屋后面有一鞋印之地,你只要把父亲抬上后山去,顺着鞋印安葬,便会家发人兴。"儿媳一听还是愁眉不展:"我如何才能找得到那只鞋印呢?"白发老人又笑笑说:"放心,鞋印之外,地上全是积雪,唯鞋印之内无积雪。"说完便不见了。儿媳惊醒,忙把此事告诉丈夫逢年公,逢年公将信将疑,第二天,天刚亮便跑上后屋祖坟山一探究竟,竟真的看见像极了一只鞋印的一地,地内没有一点积雪,还正往上冒着热气。他急忙下山,召集众人将老父抬上山安葬。此后"仙人地"便传开了。三年后,逢年太公长子便考上岁贡,后在朝为官,其孙向玉璇(字璐钧)也考取了府贡,在黔阳学院、岳阳学院教学。

(4)"鲤鱼精"的传说

听村中老人们讲,向氏逢年祖公娶的彭氏祖母是"鲤鱼精"变的。道光甲辰年(1844年)六月初六日,天气奇热无比。晚饭后,彭祖母便吩咐丫鬟备水准备洗澡。丫鬟一直心中有疑,因为祖母洗澡不同常人,常人一般只用一个稍大的脚盆洗澡就够了,而祖母每次要用一个盛很多水的腰子盆来洗,那腰子盆是一个长1.6米,中宽两尺,高两尺的圆形容器,可以盛很多水。盆里不见祖母,丫鬟大惊,急急忙忙跑去告诉老爷。逢年祖公不信跑去一看,只见祖母已穿好衣服安坐在那里梳头。可也奇怪,就那天后,祖母一病不起,五天后便病逝了。

### 2. 打溜子

土家族打溜子与土家族人民的生活密切相关,土家族人的婚嫁、寿诞离不开打溜子,年节喜庆也要打溜子,特别是土家族的传统舍巴日更是少不了打溜子。由溜子锣、头钹、二钹、马锣组成的打溜子乐队,能将各类乐器的技巧融于一体,并充分发挥每件乐器的演奏技艺。现存的土家族溜子曲牌约有100个,其内容可分为绘声、绘神、绘意三大类。绘声类如《鲤鱼漂滩》《雁儿拍翅》等,绘神类如《小纺车》《闹年关》等,绘意类如《四季发财》《观音坐莲》等,此外还有《安庆》《迎风》《八哥洗澡》《画眉跳杆》《双龙出洞》《燕排翅》《古树盘根》《扭插秧》等数十首代表性传统曲目。在我国少数民族器乐艺术中,打溜子独特的组合、精湛的演奏技艺自成系统,具有极大的代表性。

1949年以来,打溜子先后被国家艺术团体介绍到美国、德国、波兰、俄罗斯等国家,产生了强烈反响,引起巨大轰动。

### 3. 摆手舞

土家族摆手舞集歌、舞、乐、剧于一体,表现开天辟地、人类繁衍、民族迁徙、狩猎农耕等广泛而丰富的历史和社会生活内容。土家族摆手舞舞姿大方粗犷,有单摆、双摆、回旋摆、边摆边跳等动作。舞蹈场地一般在坪坝上,舞蹈分为大摆手和小摆手,大摆手祭祀族群众始祖,规模浩大,舞者逾千,观者过万;小摆手主要祭祀祖先,规模较小。其音乐包括声乐伴唱和器乐伴奏两部分,声乐主要有起腔歌和摆手歌,乐器主要是鼓和锣,曲目往往根据舞蹈的内容及动作而一曲多变。摆手舞的动作特点是顺拐、屈膝、颤动、下沉,表现风格雄健有力、自由豪迈。

### 4. 赶年

从向尔俊年代至今300多年,向家寨还保留着一个远古节日,那就是每年腊月二十六日的赶年。所谓"赶年",就是安家在一起的向氏后人,在每年腊月二十六日这天,都必须聚在一起,共同祭祀祖先,然后坐在一起吃年饭。在吃饭之前,族里的年轻男子拿着梭镖、大刀分别把守寨子所有进出口,凡发现有路人经过,便举刀拿枪猛赶,吓得路人魂飞魄散。待追赶到路人之后却并不会伤害他们,反而盛情相邀与其一起过年。待路人吃过年饭后,任其离去。随后,向氏后人便围绕篝火跳摆手舞,怀念先人,庆祝丰收。最后听寨中德高望重的老人宣读族训,讲向家家史。现如今,又多了聚年晚会,晚会的主要内容是鼓励儿童好学的有奖知识问答、培养儿童胆量的唱歌比赛以及促进族人和睦相处的游戏。

### 5. 挑花技艺

土家族妇女挑花技艺流传久远,是土家族最珍贵的手工艺品,是研究土家族历史发展的活化石,是研究土家族人的精神追求和价值取向的重要史料,通过不断发展和变异的图案可折射出一部土家族发展史,价值十分珍贵。土家族挑花不用画图,全凭绣女想象,飞针走线,运用自如。挑花不需要织机,全凭手工操作,按照布纹的经纬十字交点,用面料底色成反差的线挑成图案,就能创作出风味别致、情韵独特、令人赏心悦目的艺术品。

### 6. 传统服饰

西龙村全是土家族人。土家族人的服饰中老年以黑、灰色调为主,而年轻男女,男的以蓝色为主,女的则以红色为主,衣襟上均手工绣有花纹图案作装饰。不同的是,年轻女子服装上还配有银饰,其制作方式均为老祖宗传承下来的手工缝制。

### 7. 传统美食

西龙村地处古溪州边远山区,山多地少,又无良好水利设施,所以靠天吃饭,每逢天灾人祸,总是忍饥挨饿。为了度过饥荒,勤劳的土家族人用自己的智慧,利用山中盛产的植物叶茎创造出了许多美食,其中具有代表性的如蒿草粑粑。将2月、3月、4月生长的蒿草叶洗净捣碎,拌上少量自产的糯米粉,揉成一团,再在团里面加糖的黄豆粉。用山上采摘下来的猴梨树叶包裹,放在盛水的土锅里,烧火清蒸,待熟透后就可以食用。其味道清香酥软,回味绵长。遗憾的是,此种美食只能在2月、3月、4月间制作,到了5月蒿草老了后,就无法食用,其成品保存期也只有5天左右。

## 三、历史人物

据向氏数十部族谱记载,从后晋天福三年(938年)起,这里曾出生过一批在朝做官的显赫人物。

平叛大元帅向宗彦,于939年被后晋朝廷封为武安军节度衙前兵马使、前溪州左厢都押衙、银青光禄大夫、检校太子宾客兼御史大夫、上柱国等。

向宗彦之子向八二,北宋朝廷封其为通政司正四品忠宪大夫。八二之子向必杰,汝州防御使,1004年9月,辽出兵20余万偷袭宋都开封时,向必杰在此次反击战中战功卓著而殉国,朝廷诰封其为左都督正一品保驾将军。

到了清初顺治皇帝末年,向尔俊奉土王爵令携子驻守小井至光绪末年。向逢年,在国子监读书,后在朝廷任修职郎,为朝修书。向永祺,逢年长子,清道光乙巳年(1845年)岁贡,先后任武陵教论、黔阳训导、蓝山训导、醴陵训导,晚年封为奉直大夫。向玉璇,永祺三子,清光绪戊戌年(1898年)府贡,历任贵阳学府、岳阳学府教授。

(本章由石兴慧、翟予因撰写)

# 第七章 爬出科村

爬出科村属于永顺县灵溪镇虎洛村下辖的自然村落,位于永顺县城东北方,距县城22公里,与勺哈乡洞坎村和连洞村接壤,村域总面积约5平方公里。由于村庄人口较多,爬出科村自然村按照村庄内的一条小溪为界划分为虎洛村第三和第四村民组。爬出科村是一个传统的土家族村落,村庄内有保存较好的传统土家建筑以及怡然自得的田园风光。2016年11月,爬出科村被列入第四批中国传统村落名录;2017年,爬出科村被定为美丽乡村示范创建精品村。

# 第七章 爬出科村

## 一、村落概况

### (一) 村落选址

永顺县地处云贵高原东侧与鄂西山地交界之处,武陵山脉中段,境内重峦叠嶂,溪谷纵横。县内常态地貌(流水侵蚀地貌)和岩溶地貌同时发育,山高谷深,河流侵蚀切割强烈,地形起伏大,呈山地、山原、丘陵、岗地及向斜谷地等各种类型。爬出科村周围群山逶迤,地势起伏较大,村落周边海拔为372~593米,主要山脉走向与区域构造方向基本一致,呈西北—东南向伸展,山上植被丰富。

爬出科村全景(袁立新 摄)

相传早在三百年前,李姓先祖来到此地,见四周青山环抱,前有小溪流水,不禁感慨:"好一个山清水秀的地方。"方言云此地为"山寙寙",乃风水宝地,适宜居住繁衍。李氏先祖用一箱豆腐和三吊钱买下了这片土地,在此安家落户。先祖立下族规:子孙后代须耕读传家,登科及第,光宗耀祖,将家山之地的"小船"划出去。定居以后,李氏一族破土开荒,辛勤劳作,繁衍生息。这里的人口由原来的李姓几个人,发展到现在的数千人,木房屋、吊脚楼由原来的一栋变成现在的数十栋。

### (二) 村落风貌

爬出科村被群山环抱,周边有被子湾山、红军湾山、谢家坡、张家坡、虎家对门山、肖家坡等山体。村落内一条清澈见底的山涧溪流沿一侧山

村落风貌（袁立新 摄）

脚线蜿蜒穿寨而过。由于地处降水充沛的山区，植被保护较好，水量丰富，水质属中性淡水，含沙量较少。

爬出科村分别与勺哈乡洞坎村、连洞村接壤，村庄坐落在一处长约700米，宽300米的船形峡谷中，中间宽，两头窄。村寨建筑顺溪依山就势而建，因空间狭小，村寨传统木质结构建筑分布集中成片，且保存完好，俯瞰甚为壮观。这在村寨布局中绝不多见，具有独特风格。村寨单体建筑的朝向基本一致，面向远山。该村另一显著特点是村庄功能分区明显，村寨居住区集中分布在船形峡谷中，生产劳作区位于峡谷之外。故紧邻村庄的山上多种植庄稼，少自然野生植被。村寨的古木不多，只有位于半山坡上的一棵树龄达200年的楠木。村落周围的山上还有两棵树龄过百年的枫树和樟树。

进村石板路（姚林 摄）

沿着小溪边新修的石板路往上游行走，便可进入村庄所在的峡谷。入口并不宽敞，横跨小溪的小石拱桥两侧，长满青苔，绿色中充满诗意。道路两边用周围山上的石块砌成的石头墙，随道路蜿蜒显得灵动而柔美。转个弯，古色古香的小房子一排排站立在小溪边，顿有豁然开朗之感。顺着小溪再往上走，一坝良田映入眼帘，田里的秧苗绿油油的，三五个村民从田埂上走过,或挽着裤脚刚从田里出来,或背着一捆柴火沿着田边弯弯曲曲的石阶,走进炊烟袅袅的吊脚楼里。这里邻里和睦相处,村民幸福安康。一如陶渊明在《桃花源记》里所表达的那般:初极狭,才通人。复行数十步,豁然开朗。土地平旷,屋舍俨然,有良田、美池、桑竹之属。阡陌交通,鸡犬相闻。好一个世外桃源般的小寨。

## (三)村落来源

爬出科,亦作"拔出科"。关于爬出科名字的由来,目前主要有三种说法。第一种说法是相传如果遇到山洪暴发,这个寨子便可以化作船载着村民们爬出去,所以该村叫"拔出科","拔出科"是"爬出去"的方言发音。如此一说,的确形象无比。第二种说法是爬出科所在的峡谷形状类似于一个由葫芦制成的瓢,瓢在土家语里的语音就是"爬出科"。然而,土家语中"瓢"发音为"khu$^1$ khu$^4$",近似于汉语"突谷"的发音。因此,第二种说法有待进一步考证。还有一种说法,乾隆十年(1745年)10月15日,时年47岁的李盈洲经人介绍,花重金买下了虎落文氏的不毛之地酱水湾(呛水湾)作为永久居住地。他一拿到地契,就把酱水湾改名为"拔出科",预示子孙后代人才辈出。

爬出科村绝大多数为李氏后人,仅有一户为胡姓。经查得知,爬出科村为汉族迁徙村,祖先为汉族人,现在基本上为土家族。李氏源于澧州永定二家河杉树坪,到广岩嘴,再到永顺新开府爬出科村,起祖李盈洲。雍正七年(1729年),永顺新开府招贤纳士,李盈洲由永定府推荐,聘为永顺新开府武教官。为在永顺安营扎寨,他于1745年经人介绍买下鲁家山和爬出科村。李氏后人便在此定居,逐渐繁衍成现在的爬出科村李姓家族。

从1729年至今,其人口已有千余人。2015年村内李氏后代重修族谱,仅爬出科村便写出了一本族谱。这显现出爬出科村李氏后代人丁兴旺。为纪念李氏先祖,爬出科村春节的最后一天便是正月初三,初四后便可外出务工。这不同于该地区其他村庄,庆祝春节直至正月十五元宵节才算结束。此外,族谱上《鲁家山祖坟记》详细记录了李氏家族收复自家祖坟的全过程,展现了中国人朴素的不忘祖、不忘本的家族观念。

《拔出科李氏族谱》规定了20条族约,系承袭《永定李氏族谱》中的《家训·族约》。该族约对为人做事、人际交往等方面提出了诸多的约定,主要内容为:敬先祖、孝父母、友兄弟、重夫妇、教子侄、和妯娌、肃内外;择婚姻、勤耕读、崇廉俭、远淫邪、戒赌博、患争讼、禁淹溺;亲宗族、睦邻里、尊师傅、慎交友、存忠厚。新修的族谱根据时代的变化增加了十条新的族约,名曰"续谱倡增"。

爬出科村极为重视教育,人才辈出。这一点从李盈洲母亲在其送行宴上的话能够充分体现。雍正七年(1729年)正月初四,李盈洲到任永州新开府武教官,前一日盈洲父母为庆贺儿子官至县衙,在家中摆宴席为其送行。其母叮嘱:以后教育子女,要注重学习,追求学问,虚心请教,培养德才兼备的人才。遵纪守法,诚实守信,为官得清正,贪腐会生祸,生活节俭,修身正己,助人为乐,不言人之短,孝亲肃闺门,邻里和睦。

爬出科村从20世纪60年代到2015年培养大学生百余人,走出一大批天津大学、吉林大学、北京师范大学等重点大学的高才生。为了让子女获得更为优质的教育资源,村民纷纷携子女到县城或者外地上学。这使得爬出科村现在的居民中极少有留守儿童,显现出人口"衰落"的迹象。

## (四)村落人口

据2020年数据显示,爬出科村总计107户,户籍人口约为400人。然而,目前仅有四五十人居住于村庄,其中绝大多数为空巢老人。在爬出科村中,姓李的人数最多,而土家族是该村的主要民族。

## (五)经济社会发展状况

1999年,通往村口的公路修成;路灯由农业局出资建成,耗费32万元,为村民的生活提供了便利;2016年爬出科村被列入第四批中国传统村落名录,政府出资3000万元来维护村寨木质建筑、铺修道路等,保持原生态村寨的独特风格。村寨准备开发旅游业,与周围景点形成旅游风景线。截至2019年8月,村内有3个养鸡场,2个养猪场,1个养牛场,每家每户都会有散养的鸡和鸭。

村民主要以传统农业为生,种植水稻、玉米等粮食作物和白皮柚、油茶等经济作物。该村粮食作物主要为水稻和玉米,水田种植水稻,山坡种植玉米。当地的土壤属于青土,由于降水比较丰富,而青土渗水性能不佳,这使得当地比较适合种植水稻,亩产能够达到1000多斤。玉米的适应性比较强,可大量种植。爬出科村经济作物有白皮柚、油茶,截至2019年8月,种植面积分别为100亩、422亩。桐油是当地重要的经济作物,且产量较高。近年由于市场销路不佳,村民们将之前种植的桐油树铲掉了,改种其他树木如杉树。

每年6月和9月,村民会上山采集蘑菇,情况比较理想的时候,一天能够采到五至六斤的蘑菇,日均收入能够达到300多元。

## 二、文化遗产

### (一)物质文化遗产

土家族先民在与自然交往和生产劳动的过程中,运用自己的智慧与双手创造出了别具特色的土家族风格的民居、工具以及文化。时至今日,村庄内依然保存着诸多的土家族物质文化遗产,这是先民给后辈的礼物。

**1. 传统民居**

小溪流自东向西从村子的一侧蜿蜒而过,村内的主道则是随溪而走,宽不足2米,从主道分支出各条巷道。2018年政府拨款,将原先的泥土路改建成了石板路。村内的"主干道"延至村寨顶端,站在寨子较高处的山坡上俯瞰,爬出科村的土家族古建筑群一览无余,整个寨子地形中间宽两头窄,形如船,属船形地。数十栋房子"比肩站立",屋檐搭着屋檐,一户挨着一户,整整齐齐、亲亲密密。由于峡谷空间狭小,村寨木质建筑集中成片,保存尚好,俯瞰甚为壮观,风格独特。村内清代建筑共6栋,民国建筑共6栋,20世纪50年代至70年代建筑共54栋。土家族聚居,古来皆"散处溪中,所居必择高峻"。至今,村落山寨,或依山傍水,或横卧山岗,或骑坐山梁,或隐藏峡谷,或躲进白云深处,古木翠竹环抱,吊脚木楼,鳞次栉比,宛如翡翠珍珠,散落崇山峻岭之中,颇有世外桃源之幽美。村内所有轴线视廊通视效果较好,视线和轴线上无明显突兀建筑、设施遮挡。

爬出科传统民居主要表现为依山就势建,集中分布在船形峡谷中,朝向均一致,面向远山,坐南朝北,建筑为悬山穿斗式木架结构,小青瓦屋面,立柱为柏木,穿拉枋为松木,杉木装板,花格窗,司檐悬空,木栏扶手,吊脚楼悬空,下面放置木材,台面用青石垒砌,天坪为水泥或者泥土地面。当地雨水充沛,因此每家门户的房前屋后均修有水沟以便雨水能够迅速排入村内的小溪中。

现在,年轻人多去县城务工,或者搬出村子在县城定居,当家族发生大事如老人去世会回村或者过年过节回去拜祭。村里的传统民居主要有土砖瓦屋、木架板壁屋、吊脚楼三种类型,除此之外,还有石板屋和岩洞。民居结构分为正屋、厢房和司檐。正屋一般为三间,中间一间为堂屋,前面有"吞口";在正屋两头前面并与正屋垂直的两间为厢房;正屋后面为司檐(也称拖檐)。家庭富裕的建成四合屋,四合屋的前面称门楼子,中间为天井。吊脚楼是一种全木结构的干栏建筑,为土家族的主要住所形式之一。土家族住所的结构一般为一正两厢(也有一正一厢的),其中厢房为吊脚楼。吊脚楼的地基低

传统民居(袁立新 摄)

# 第七章
## 爬出科村

于正屋的地基,在其地基上竖立十几根木柱,木柱上铺木板(楼板),以木板为壁,一般二层。吊脚楼的前面有阳台,两边有走廊。阳台和走廊排柱悬空,悬柱的末端有圆锥形雕饰,名为吊进瓜。阳台和走廊的栏杆多由木条组成,富裕之家在栏杆上雕龙画凤,在窗子和门上精雕细刻。但爬出科村的栏杆少见雕龙画凤。阳台的屋檐为飞檐翘角,其遮檐用长条木板钉封檐口。吊脚楼集建筑、绘画、雕刻艺术于一体,是土家族建筑雕刻艺术的杰出代表。值得注意的是,多数村民的古屋保存状况不佳,甚至有多座古屋年久失修而倒塌。

### 2. 传统物件

蓑衣由棕树皮制成,在做农活时蓑衣便于双臂劳作,即便已经使用了二十年,依然能够保证不透水,具有良好的挡雨效果。通常一件蓑衣需要4天的时间才能够完成。

水稻是爬出科村重要的农作物,所以村民家中均有种植水稻所需的各种农具,如犁(用于翻土)、耙(用于平整土地)、锄(用于除草)等。此外,还有打谷桶,也称"打桶",由木头制作,主要用于稻谷收获时脱粒,需要双手捏紧作物茎干后部,先向右上扬,然后往打谷桶的内侧用力拍打,拍打完成瞬间双手还需稍作抖动,利于已脱落的谷物全部洒落于谷桶内,防止谷物在再次上扬中抛撒。多户村民家中均有风车,用来去除水稻等农作物籽中的杂质、瘪粒、秸秆屑等。它是中国最精致、最复杂的传统农具,由风

吊脚楼一角(袁立新 摄)

传统蓑衣(姚林 摄)

扛着犁的村民（袁立新 摄）

箱、摇手、车斗、漏粮斗、出风口等部件组成。在扇农作物时，要两手紧密配合，右手先摇动风车摇手，让风扇出来，然后左手把搁条放下几档，让谷物从车斗底板开口处滚落下来。这时风即穿过纷纷漏下的谷物，把草屑杂碎从出风口飘出。饱满的谷粒比较重，则从漏斗口垂直落到接在漏斗口的箩筐里。

为了便于存放稻谷，每家每户都会有专门存放稻谷的谷仓。其顶部用数根木头、采用卯榫方式交错支撑形成"轿顶"，并用青瓦覆盖，空气通透；底部用数根木柱支撑将粮仓抬高，使粮仓悬于空中，从而达到防潮防鼠之目的。

石磨是磨制豆腐、谷物脱壳、磨制玉米粉的重要工具，在多户村民家中均有保存。石磨不仅有人力的，还有依靠流水的水磨，只是村庄中的水磨已经不复存在。

## （二）非物质文化遗产

### 1. 传统习俗

村里的孩子都是出生后的第九天（男孩）或者第十天（女孩）办酒席，庆祝新家庭的成立。此时女方家族便会带着铺盖、婴儿推车来到男方家庆贺新生命的诞生以及新家庭的成立。这里的婚姻习俗是先提亲，给女方礼金，当然如果女方家境殷实则不需要那么多的礼金。结婚的时候请全村人吃饭,通常会杀猪宰羊,准备各种食材,流水席可以吃到晚上。男方是两男两女去接亲,而女方也是两男两女去送亲,加在一起刚好八个人,讨一个吉利的彩头。

### 2. 传统戏曲

爬出科村素有"戏剧之乡"的美誉,村中有很多村民都会传统的土家戏曲,如灯戏、阳戏。灯戏和阳戏的主要区别是调子不同。早些年,村里有专门的师傅教别人唱戏。爬出科村的戏每年从正月一直唱到二月。

## 三、历史事件

1934年,红军驻扎在爬出科村附近的梯子岩,晚上有村民给红军战士送粮草。后红军与国民党军队在此发生激战,有五名红军战士壮烈牺牲,为纪念他们,村寨把他们倒下长眠之地命名为红军湾。

红军湾还有多位无名红军的烈士墓,他们牺牲于民国二十三年(1934年),每年清明节,都会有人前去吊唁。

这足见小寨里的村民对这段历史的重视。他们或许文化水平不高,无法得知这场战争在国家大背景中的地位,但他们对于历史有着天然的敬仰之情,因为他们深知没有革命前辈们的壮烈牺牲和英勇抗争,就没有我们的幸福生活。对于这段历史,刘仁民在《湘鄂川黔根据地上下限问题》里有相关记载。

湘鄂西革命根据地,是第一次国内革命战争失败后,湘鄂西党组织在党中央的领导下,经过浴血奋战而创建起来的,是第二次国内革命战争时期全国较大的革命根据地之一。爬出科村的这场战争应该是当时红军在湘鄂川黔根据地之永顺县反"围剿"战争的一部分。

(本章由姚林撰写)

# 第八章 列夕村

芙蓉镇,原名王村镇,因拍摄电影《芙蓉镇》而更名,地处永顺县南部,是湘西四大古镇之一,也是永顺县设府后除灵溪镇之外唯一一个镇。列夕村隶属芙蓉镇。列夕村生态环境良好,建筑古朴,保留着较为珍贵的少数民族文化遗产,对列夕村进行研究与保护,对于继承和发扬中华民族传统文化意义重大。2016年11月,列夕村入选第四批中国传统村落名录。

# 第八章
## 列夕村

## 一、村落概况

### （一）地理生态环境

列夕村在芙蓉镇，坐落于湖南湘西自治州永顺县的西南部，距离县城45公里。列夕在土家语中读作"雷歇"（谐音），意为"河岸上的村子"，处于酉水河与猛洞河交汇的河边山坡。当地也有种说法是"列夕"代表天亮了的意思，因为商人运货走水运到列夕时刚好是天亮的时间。村落东边与抚志乡接壤，南边与高坪乡、芙蓉镇隔河相望，西边与保靖、古丈两县毗邻，北边与泽家乡接壤，地势险要、交通不便，仅有一条简易乡道与209国道相接。

列夕村春季雨水集中，夏、秋干旱，冬季寒冷多雪，属于亚热带山地湿润气候，同时森林资源丰富，覆盖率高达80%。村寨的地貌多以山地、丘岗为主，属于典型的岩溶干旱地形，因为极其干旱，还曾有"列夕一偏坡，坡下两条河，河里涨大水，坡上干起壳"的歌谣。

整个村子坐落于两山腹中，地面坡度在10%～30%，面朝一片低洼开阔的农田，周围是起伏的丘陵，适合居住。同样，列夕村是一个沿河岸带扩展的村落，村寨建造在山地平台之上，整个村寨是顺着山修建的，全部由石板路上下连接起来。村镇结构为"一山一水三轴"，"一山"指西、北、东三面围绕小镇的连绵山脉，"一水"指村落南面的牛路河，"三轴"指横跨东西的列夕老街、纵贯南北的主巷、新区东西商贸集市街。村落周围多山、沟壑、河流，形成天然屏障，易守难攻，是一个较完整的土家族聚落。其选址体现了依山而稳、依水而活的理念，主要入口方向相对开敞，表示能吸收天地之灵气，起到了"纳"的作用，山势围合形成的半开敞空间，起到了"藏"的作用，反映出土家族的风水理念。

村子化石自然资源丰富，据《湖南省古生物图册》记载，列夕乡发现的三叶虫化石至少有9种。列夕村过去是永顺县辖的一个乡，曾家坡是列夕乡辖的一个山寨,发现三叶虫化石时,标示了乡名。1972年,405地质队到列夕找石油,石油没找到,却意外发现了三叶虫化石,列夕因此成为三叶虫化石的发源地。

三叶虫化石,又名燕子石,也可以叫作蝙蝠石。三叶虫属于古生节肢动物,属三叶虫纲,生于海底,种类繁多,大小不一,从1厘米至1米,生于寒武纪(5.7亿年),至奥陶纪(4.5亿年)最盛,灭绝于二叠纪末期。三叶虫是非常知名的化石动物,其知名度仅次于恐龙。列夕小安南虫、凸小安南虫、高雅小栉虫、永顺湘西虫和郑家列夕壳虫,都是在列夕首次发现并命名的新种。永顺的湘西虫属于大型的三叶虫,曾经在湖南省地质博物馆展出过,最大的长33厘米、宽18厘米。

## (二)村落来源

列夕村最独特的当属清代末期、民国时期经商的历史了。与一般山地里的村庄不同,列夕村刚好坐落在河边,地处酉水河和猛洞河的交汇处,水路交通发达,并有新、老两个码头。由于当时公路交通状况普遍欠佳,列夕村因此成为重要的水上交通枢纽。20世纪40年代末,列夕村曾有"黄金码头"之称。得益于优越的地理位置,列夕码头一度繁荣,货物运送促进了商业的发展,同时也带来了外迁人口,而外迁人口基本上都是汉族,正是因为这个原因,现在的列夕村成为原来的土家族、苗族和后来迁入的汉族杂居的村落。

在明末清初,凡是运往永顺的物资都得经过此地,于是列夕村便成为重要的水上中转站,曾经的列夕村也就成了十里长街,户户经商,镇上仅伙铺(旧时的旅馆)就多达几十家,每天有100多匹骡子穿梭在码头和镇中运送货物。列夕村发展起来还得益于盛产桐油,也因此有过"桐油之乡"的称号,不过由于后期对桐油的需求减少,村里也就逐渐减少了桐油的产量。古镇最繁华的时期为雍正五年(1727年)改土归流前后,很多江西客商看中此地,纷纷迁入经商,购置地产,形成今天较具规模的列夕老街。中华人民共和国成立前,列夕村有80多家从事物资中转的商号,十多家提供食宿的店家,还有百来号从事"背脚"(现在的码头工人)的工人。主要进口盐巴、糖果、布匹等,主要出口桐油、茶油、土碱、五倍子、兽皮等土特产。在这里经商讲究诚信经营和公平竞争,必须遵守"粮米通天下,生意各做各"的约定,这种情况对周边地区的物资中转和流通也起到了良好的表率作用。

当年的列夕村十分富足,来往船只紧密相连,甚至密集到可以直接从船上走出一条路,商业发展十分繁华。尤其是每年的冬月、腊月到二月,也就是传统农历春节期间商业往来更是频繁,那时村里家家户户都会挂一个荷叶斗篷灯,这灯也是家庭经济状况良好的体现,因此当时整条街都是明亮的。与永顺县其他村落相比,列夕村因为有着经商的历史,显得有所不同。由于地理位置优越,所有运往永顺县的物资都必须经过列夕村,货物往来带来了经济发展,吸引了很多商人迁入,从他们遗留下来的古民居可以看出,当时列夕村的确有很多大户人家。这些人家院墙都很高,上面会留有方形的洞,这是给家里的保镖设置的,方便其观察外面的情况,同时可以通过这些预留的洞开枪射击外来侵入人员,保护家里人员和财产的安全。后来,由于修建了水电站,货物来往越来越少,慢慢便改成了公路运输,列夕村的商业开始走下坡路,逐渐衰败,列夕村的繁华也停在了那个时代一去不复返。

## (三)村落人口

截至2019年8月,村落共计12个村民小组413户1765人,劳动力893人。列夕村之前是水上交通的主要中转站,商人来往频繁,有很多商人迁徙到了此处,大多是从江西迁徙而来,因此列夕村现在主要是土家族、苗族、汉族杂居。村寨内没有主要的大姓,最开始村里由80多个姓氏的村民组成,但随着水运商业的中断,商人们又再次迁出,2017年列夕村内只余39个姓氏。

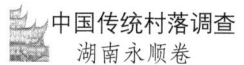

## （四）经济社会发展状况

列夕村田土面积1533亩，其中稻田面积1067亩，旱地面积466亩，林地面积17017亩，林地面积中油茶面积551亩，退耕还林8601亩，公益林7865亩，全村已在2019年实现全部脱贫。

从教育方面来看，列夕村现办有一所九年义务教育制学校，高中唯有赴县城就读，而附近的小村落，如芷州村因人口少没有开办学校，学生只能到邻近的列夕学校就读。在医疗卫生方面，列夕村现有一所卫生院及一间卫生室，附近没有卫生院的小村落的村民也会到列夕来看病，若病情严重，村子里的卫生院条件有限，村民则会前往县城医院治疗。按照精准扶贫工作的要求，列夕村贫困户家的墙上都贴了家庭医生责任书，医生会定期上门提供医疗服务。

列夕村留守的基本上都是老人和小孩，年轻人较为少见，70%的年轻人都选择外出务工。他们外出务工有一定的规律，每年外出务工时间为9~10个月，回家休息2个月左右，过完春节再次外出。列夕村的主要产业为水稻、玉米以及烤烟，还逐步扩展了板栗等特色经济作物的种植。不过由于列夕村地处大山区，村里有着"三尺平"的说法，简言之，此地多山地、多岩石，土地少且不平整，导致田地少，水难以保存，水稻种植难以成规模。也正是受到地势等自然条件的影响，村里的农作物并不多，不能实现自给自足，村民们的粮食主要还是靠购买。

## 二、文化遗产

### （一）物质文化遗产

初入列夕村，给人的第一个印象是安静、古朴，村子里老人居多，没有蓬勃的朝气，正如列夕村沉甸甸的历史一样，有的是安静，有的是内涵，更多的是蕴藏在村庄古建筑里的历史底蕴。

### 1.古桥

古桥长 10 米、宽 4.5 米,修建于清朝时期,保存情况较差。该桥建于曾家湾峡谷之上,地形高差约 10 米,是红岩石砌筑于自然岩石之上的单拱桥。近年来由于乡村公路改造,在桥面铺上了水泥路面,但作为村内的主要交通道

列夕村一角(袁立新 摄)

路,来往的车辆逐年增加,古桥不堪重负,现在已经被相关部门鉴定为危桥。

### 2.古涵洞

古涵洞主要是为了排水,由红岩石块堆砌而成,水流畅通无阻,现保存情况较好。全村的排水沟前后左右相通,上下首尾相连,形成了一个大的排水体系,水流畅通无阻。

### 3.古朝门

古朝门多以石砌或木构,用以装饰和防盗,但保存状况较差。古塘利用自然洼地,边沿用红岩条石围砌,自清明以来就一直延续其蓄水排水的功能,但现在几乎处于废弃状态。

由于列夕村的地势较高,易旱灾,早年间村民在孙家塘南岸高筑大坝用以蓄水,坝高近 6 米,坝基为石材。拦河坝中间有一排水口防止涝灾,并在排水口设置了一个休息过亭,

古朝门(邢续净 摄)

称为"悦晚亭",在坝顶铺大青石,以便周边的村民出行。

### 4. 吊脚楼

由于列夕村内沟壑纵横,溪水如流,山多地少,常年雾气缭绕,并且湿度很大。因此,在这种自然条件下,以往的列夕村村民根据现有的地理条件,在建造民居时"借天不借地、天平地不平",依山就势,尽量通过在起伏不平的地形上建造与地面接触少的房子,从而减少对地形地貌的破坏,在房屋底面随倾斜地形而变化,形成错层、掉层以及附崖等建筑形式。

土家族的吊脚楼就是这样的典型建筑。土家吊脚楼大多建于悬崖峭壁之上,因为地基狭小,通常是向外悬挑来扩大房屋的使用空间,下面主要用木柱来支撑,同时为了行走方便,在悬挑处设栏杆檐廊(土家叫丝檐)。列夕村传统民居建造的特色为红岩条石基础,木结构建筑。住宅的正屋一般分为一明二暗三开间,以龛子(厢房)作为横屋,形成干栏与井院相结合的建筑形式。从最简单的三开间吊一头的"一字屋"、"一正一横"的"钥匙头",再到比较复杂的"三合水""四合水"。其正房中间为堂屋,后部设祖坛。随着家庭成员的增多,土家族人一般在正屋一边或两边各建一厢房,于是分别形成"钥匙头"或"三合水"住宅,而"四合水"庭院则由间或廊四面围合而成。相传村子里修建吊脚楼是为了方便带孩子,因为列夕村地处山地,山上野兽会比较多,修建吊脚楼把孩子放在楼上,这样野兽就上不去,保护了孩子的安全。

### 5. 老影剧院

村里的老影剧院至今仍在使用,逢年过节村民会相聚于此一起庆祝,六一儿童节汇报演出等活动也在这里举行。因为年代久远,老影剧院的屋顶有很多地方破了,光透过这些洞,落到板凳上,洒到地

老影剧院外景(袁立新 摄)

面上,看起来就像投射的点点星光。

### 6. 宋家大院

在列夕村的古码头有一座百年历史的老宅——宋家大院。宋家大院曾是列夕村赫赫有名的大户,老宅的结构是一个全木质的四合院,中间是青石板天井,天井四个角均为出水口,因此,就算是下雨院子里也不会满是积水。老宅的大门临街,两侧跟其他宅子一样均为柜台,柜台后面开了个小窗,若是夜间,即可通过此小窗进行交易买卖。虽然现在看来,宋家院子很是破落,但从柜台上的雕花、柱梁上彩绘的祥兽和吉祥花纹等小细节不难看出,曾经的宋家院子很是繁华,闭上眼能想象出当时在这里交易、忙碌的热闹景象。随着岁月的流逝,这些具有传统特色的建筑没有得到相应的维护和保护,曾经的风华不再,只剩下残破的遗址。

### 7. 回龙庵

在列夕村还有一座古庙回龙庵,现在只剩下遗址。关于这个寺庙还有一个带有唯心色彩的传说。在回龙庵没有拆除之前,列夕村出了很多优秀的学生,但是拆除之后就没有出过人才了,而山对面的村却不断地出人才。后来村里修建了新的寺庙,列夕村才开始恢复以往的现象,考取的大学生也越来越多,在新寺庙的外墙上贴了回龙庵村民们唱晨钟偈歌和暮钟偈歌的歌词。在去往回龙庵遗址的路

挡箭牌(邢续净 摄)

上,能看见村民们立的挡箭牌,这是为了保佑家里的小孩子,主要起到驱邪祈福的作用。

### 8. 董家大院

在列夕村里有一个"四子"之说,是指以往的列夕村大姓陈、董、黄、胡多以族为主,形成特色经营行业。至今"四子"仍然流传,其中陈家广置田

董家牌坊(青立新 摄)

地,地多种粮多,是列夕村最大的粮食拥有者,被称为"谷子";董家枪多,拳头硬,被称为"捶包子",也是当地人数最多的家族;黄家自黄汉章科考永顺府第一名后,年年均有功名,出任地方官吏多,故而称为"顶子";胡家资本雄厚,经营钱庄,并且能够自由流通,被称为"银子"。"四子"之分并非彻底区分各家的产业划分,各家都涉及贸易和运输且都有各自的商号和船队。

村里至今仍保留着董氏家族的牌坊,历经风吹雨打依然屹立不倒。董氏牌坊上刻着"济世"和"渡人",还有两副对联"光华远被荫榆柳,奎璧聊辉庆日躔"和"人能修正道,身乃作真仙"。牌坊在进门处的上方雕刻了太极的图案,还雕刻了"八仙过海"的8个神仙,在董家院子的内部有8个石碑,碑文记录着董氏的生平事迹。虽然看起来有些许残破,但是不难想象当时的董家确实是相当有实力的大户人家,牌坊的雕刻、墓地的大小、风水的讲究都足以证明。

## (二)非物质文化遗产

列夕村有很多土家族的村民,村落以土家族文化为主。

### 1. 摆手舞

土家族人大多能歌善舞,列夕村的土家族村民也不例外。如今,湘西流行的土家族舞蹈有摆手舞、铜铃舞、毛古斯舞等。据了解,摆手舞源于巴渝舞,至今仍保留着巴渝舞的征战、歌号、鼓乐等特色。土家族摆手舞是最具土家族民族特色、最能反映土家族古老风俗的民间舞蹈。

摆手舞的动作特点是同手同脚，表现风格雄健有力、自由豪迈。土家族摆手舞对研究土家族历史、宗教、迁徙、生产、生活、爱情、民俗等都有十分重要的价值，摆手舞生动再现了土家族农耕生活的全过程，反映了土家族人民热爱劳动、不畏艰险、热爱生活的乐观主义精神，是了解和研究土家文化的重要材料。随着时代的发展，现在列夕村跳摆手舞的人越来越少了。

### 2. 赶年

列夕村有过赶年的习俗。赶年也叫土家年，就是赶在汉族前一天过年，月大过腊月二十九，月小过腊月二十八。土家年是土家族最隆重的节日，中华人民共和国成立以后，湘西土家族苗族自治州人民政府为了落实党的民族政策，保护土家族这一民间习俗，决定将土家年列为地方性节日，休假一天。土家年这一年节习俗，对研究土家族历史和民俗文化，以及加强民族团结、构建和谐社会具有十分重要的价值。

### 3. 哭嫁

哭嫁是指土家族女儿出嫁时一定要会哭，要哭得动听、哭得感人。湘西土家族哭嫁歌历史悠久。清乾隆《永顺县志》卷四"风土志·风俗·三"记述了古代土家族婚嫁习俗和哭嫁歌。清代诗人彭勇行的《竹枝词》中描述了"哭嫁"的场面："侬今上轿哭声哀，父母深情丢不开。姊嫂齐声低劝道，阿门都从个中来。"清彭秋潭《竹枝词》记载："十姊妹歌歌太悲，别娘顿足泪沾衣。宁山地近巫山峡，犹似巴娘哭竹枝。"具体描述了土家族哭嫁的场景，并指出了哭嫁歌与古代民歌竹枝词的"犹似"关系。哭嫁歌在清代已十分盛行。土家族哭嫁歌内容丰富，篇幅浩繁。主要包括序歌《哭开声》《哭爹娘》《哭哥嫂》《别姊妹》《骂媒人》《哭开脸》《哭梳头》《哭戴花》《哭穿露水衣》《哭离娘席》《辞祖宗》和尾声《哭上轿》。此外还包括《哭木匠》《哭八仙》《哭十二月花》《哭十杯酒》等礼节性的内容。这些内容有先有后，相互衔接，与土家族的婚礼程式相一致。

依照土家风俗,新娘出嫁前要哭整整一个月的嫁。哭嫁一般在傍晚进行,往往持续数个时辰。那一个月,是新娘家最不安宁的月份,哭声充塞了每一个夜晚,那是若干种女声掺和而成的歌哭。白天,大家照常上工,吃过晚饭,便不约而同来到新娘家里,各人怀揣一方手绢,按先来后到顺序进入新娘的睡房。新娘早已等候在床沿上,一见来人哭声便起。新娘和哭伴并排而坐,人躲在蚊帐后面,手抓帐子不停地摇曳,随着哭声起落,蚊帐被摇得波浪起伏。

湘西土家族的哭嫁歌是一部极具土家风味的优秀抒情长诗,是一部土家民族亲情伦理、道德行为的百科全书,是千百年来土家族妇女集体智慧创作的结晶,是极具民族特色的土家族文学样式。在整个土家族文学史中,哭嫁歌价值颇高,对研究土家族历史、语言、歌谣、爱情、社会演变、婚俗发展、宗教信仰、妇女艺术形象、土汉文化交流等有着十分重要的价值,对发展中国民间文学也起到了重要的作用。

### 4. 舞龙灯

舞龙灯是土家族、苗族与汉族文化大融合的体现,列夕村正是土家族、苗族和汉族三族的杂居地。列夕村逢年过节、喜庆丰收等重大节日会舞龙灯。舞龙灯是一种具有人物、对白、简单的故事情节和一定的表演程式的原始戏剧舞蹈,边舞龙灯边唱山歌,它以近似戏曲的写意、虚拟、假定等艺术手法表演土家先民渔、猎、农耕等生产内容,既有舞蹈的特征,又有戏剧的表演性,两者杂糅交织,浑然一体。龙灯有好几个种类,用稻草扎的是草龙,竹子扎的是篾龙,布缝的是布龙,还有用长板凳接起来的板凳龙。从颜色划分有黄龙、赤龙、青龙等。舞龙的动作包括戏珠、大龙卷小龙、小龙穿大龙、双龙盘旋,又分又合,始终不打结。舞龙灯的人们一般头扎毛巾,脚穿草鞋,扎腰束腿,在舞灯时随着龙头的动作,扭、挥、仰、俯、跑和跳,热热闹闹,生机勃勃,看灯的人个个都兴高采烈。舞龙是为祈祷龙神,保佑风调雨顺,四季丰收。舞龙灯不仅对研究土家族最初的生活形态、生活方式有着十分重要的价值,其表演形态中所保留的自然崇拜、图腾崇拜、祖神崇拜等远古信仰符号和写意性、虚拟性、模仿性等艺术元素,更是一笔弥足珍贵的文化遗产。

### 5. 传统技艺

(1) 石雕

列夕村是一座建造在猛洞河岸的山地高台上的村落,每座房子几乎都是以自然红岩石为基础。村落内石材来源丰富,除了采石筑基,石材也可利用在装饰上,因此石材雕刻也作为村落一项传统技艺传承了下来。石雕技法有阴刻、影雕、浮雕、圆雕等,雕刻题材包含几何纹、莲花、祥云、如意、波浪、芝草、石狮等,内容各异,精彩纷呈。近年来受到时代发展的影响,以机械加工石材等方式逐步取代了原有的石材雕刻等装饰材料,石雕技艺面临失传的危险。

(2) 窗户木雕

列夕村是传统土家族聚落,建筑形式以传统木结构干栏式建筑为主要特征,但因其坐落于酉水与猛洞河交汇处,自古交通便利、商业繁华,汉文化与土家文化的融合也体现在建筑的装饰上,以窗棂木材雕刻最具代表性。列夕村大多数正面窗棂上都有雕刻花鸟鱼虫及其他吉祥喜庆图案,有少数干栏建筑木质栏杆也进行了精细雕刻装饰。

(3) 传统木作

列夕村现存古家具在用材上讲究的是优良木质;在装饰工艺上,其内容均取自大自然的万物,如花鸟鱼虫、飞禽走兽、山水树木、天上人间,将丰富的想象与美好的寓意贯穿其中。此外,还有蝙蝠、梅花鹿、怪兽与喜鹊,旨在取其谐音,寓意吉祥。随着各种各样自动化、半自动化木材加工设备的普及和大规模应用,传统意义的木匠已经越来越少,钉子、螺、胶等正在取代以往精致而艺术的榫卯技艺。传统木作的精华正在日渐消失。

### 6. 民间故事

"上有杨柳飞水,下有溪流震坛,左有飞鸿展翅,右有狮子吐邪。"这在当地村民间流传较广,其中的狮子吐邪是有传说的。相传当年的道士四处寻找龙脉,发现列夕的杨柳飞水这里就是龙脉,周围的保靖县是龙头,列夕村就是龙尾巴,因为龙吸收了大量的精华,排出的东西正好是在列夕村,所以清末民初列夕村十分繁荣。杨柳飞水其实是一口古井,不管下再大的雨,井里的水是不会浑的,一直清澈。到这个古井是要走楼梯的,这里是红石岩自然形成的91级阶梯,后来走的人多了,就在自然的基础之上人为地加宽,形成了现在的阶梯。古井边上是两棵古柏树,树龄都是100多年。

村里有个神仙洞的传说,这个洞里会一直吹出凉爽的风,7月份的天气在洞边甚至还要穿外套。洞口有阶梯,随着阶梯能一直走到后山上。相传之前洞里住了一位神仙,村民们可以来此借粮食、借肉等,提前一天来此洞口祈求,第二天来取。需要注意的是一定不能用装狗肉的碗来借,这位神仙的禁忌就是狗肉。

还有一个关于西兰卡普的民间故事。在土家语里,"西兰"是铺盖的意思,"卡普"是花的意思,"西兰卡普"则意为土家族人的花铺盖。土花铺盖受到了土家族人的珍爱,当作智慧与技艺的结晶,也被称为"土家之花"。按照土家族的风俗习惯,以往的土家阿妹出嫁时,都要在织布的机台上制作美丽的"西兰卡普"。《永顺府志》中记载:"斑布即土锦。""土人以一手织纬,一手用细牛角挑花,遂成五色。"其中提到的"土锦"及"土绢、岗锦"等相似称谓都是指土花铺盖。还有另一种传说,西兰是一个姑娘的名字,卡普是她织的花布。相传西兰是土家族最漂亮也是最聪明的姑娘,她把山里的百花都绣完了,就是没见到半夜开花半夜谢的白果花(银杏)。为了绣出白果花,她半夜独自爬上高高的白果树与花对话,不料被又丑又坏的嫂嫂发现,哥哥听信了嫂嫂的谗言,用板斧砍断了白果树,西兰摔死了,她的绣花技艺却被土家族人传了下来。

## 三、历史人物

### (一) 陈修道

陈修道是家中的老二。民国时期在湘西的六个县实行轮流县长制,半年一轮换。陈修道在永顺县执政期间,县域内没有抢劫、欺压老百姓等现象,形成了良好的民风,因此陈修道深得当地列夕村老百姓的爱戴与尊敬。

## (二)董禹麓

列夕村还有一位在武术界的杰出代表董禹麓。董禹麓的父亲董光辅是个秀才,富有爱国思想,主张练习武术,并且希望能够用武术改变外患频仍、国人体质衰弱的状况。因此,董禹麓从小便接受了父亲的这种爱国尚武的思想。在跟随父亲入私塾读书的时候,除了学习诗文文化等,他对武术也有着浓厚的兴趣,早起晨跑、晚上练武术,从未间断。怀揣着对武术的热爱,他告别家乡,考进湖北自强学堂(前身为武备学堂),专攻军事体操以及中国的传统武术,毕业后,于1909年应陕西省督军陈树藩和提学使余坤的聘请,到西安高等学堂(废除科举后陕西省第一所高校)教授体操。他以振兴中华为己任,一面认真教练体操,一面宣传革命道理,誓为体操出力,为革命献身。自1909年起,董禹麓一直在学校任教,1923年任陕西省第一中学校长,仍然坚持教授体操。

(本章由邢续净撰写)

# 第九章　西那村

　　西那村是永顺县泽家镇的下辖村,也是湘西土家族苗族自治州的一个特色传统村落。全村北靠牯牛山,西傍大牯山,东依皮牯山,依山而建。西那村地处于三山之间的冲积平地,远眺如一把巨大的太师椅,坐北朝南。寨内双虎口老宅、百年楼子屋星罗棋布。西那村是一个具有200多年历史的古村落,至今保留着200多年的古民居和古堡遗址。2016年11月,西那村被列入第四批中国传统村落名录;2017年12月,西那村被永顺县政府纳入古村落保护建设和美丽乡村旅游开发建设项目之一。

第九章
西那村

## 一、村落概况

### （一）地理生态环境

西那村坐落于永顺县西南部的泽家镇，距离县城约27公里，境内G209国道、张花高速与龙吉高速穿村而过。东邻张家界市境，西连龙山县、保靖县境，北接桑植县境，南临古丈县境，东南同怀化地区沅陵县境毗连，交通十分便利。西那村地处西水河畔列夕、南渭古码头至永顺司、龙山和其他乡镇墟场货物周转中段，又处永保二县中间，扼守古道交通咽喉。属山地地形、山谷地貌，最高海拔420米，最低海拔390米，三面环山，分布为大、小古山、三家田和思长场。境内山水资源丰富，山地、峡谷、丘陵及河谷平川相互交错，自然条件优越。寨后峡谷深邃，曲折险峻，森林密布，更有天坑溶洞、喀奇沟河谷、密林雾凇等多处神奇迷人的自然景观。寨前绝壁如切，高余白仞，险峻异常，只有东西两条道路可通行，易守难攻，古为地方兵家必争之地，寨子高耸于古道之上，周边环境一览无余，可非常有效地控制地方事态。寨子背靠牯牛大山，山泉奔流，水源丰富，总体日照时间短，空气潮湿，雨量充沛，土壤肥沃，土层深厚，结构疏松，保水保肥性好，有机含量较高，是各种植物生长的天然基地。

西那村全景（袁立新　摄）

## (二)村落来源

西那村,一个具有独特土司文明的村寨名,该名是以清朝康熙年间当地土语"西喇"和地方管理建制"司"命名,原为"西喇司"。"西喇"土家语即鲜花的意思,"司"为地方。"西喇司"译成土家语,就是鲜花盛开的地方,现简写成西那司。此处自古以来就吸引着附近村民及游客前来观赏,村内屋前屋后,不同季节会开出不同的鲜花,土坎田埂上随处可见不知名的花朵,特别是寨子中间的兰花溪,沿岸自然生长的兰花造就了独特的风景。

村内一景(袁立新 摄)

一到春天,整个村便弥漫着一股淡淡的兰香,清新宜人。到了秋天,满山红遍的红叶,艳如杜鹃。这里山高水长,气候宜人,资源丰富,这个鲜花盛开的地方,宛若一幅在青山绿水间绘就的"生态画卷"。

追溯西那村的历史沿革,已有上百年历史。正德年间,这里叫兰花寨,随着南谓州的不断发展和壮大,土王子孙开始在这里刀砍火种,繁衍生息。910年,土司王彭士愁建立土司王朝,在王村修建"酉阳宫",统治溪州,辖湘、鄂、渝、黔四省市边区20余县。1135年,彭师宝在下溪州病逝,其子彭福石继承刺史之位。他上任的第二天,宫中的总管向永基向他建议道:"新官上任,当谋子孙久远之计。我溪州治所,拟搬迁到别处为宜。"在经过一系列的勘查准备后,原溪州城的所有军民人户都搬迁到灵溪新城来居住,灵溪的土司宫城从此开始繁荣起来,而这个距离土司宫城不远的小村落,也自此散发着属于它独有的人文自然魅力。

## （三）村落人口

西那村地处偏僻之地，加上之前交通不够发达，很少有外来人员往来。2019年8月统计，村内分布有6个村民小组，共501户，2052人，其中有600多人外出务工，大多为土家族居民。村子里最主要的姓氏为彭、王两姓，彭姓85户，390余人，王姓13户，60余人，全为土家族。

西那村村民大多是土司彭士愁的后代，彭士愁来自江西吉州，是五代十国时溪州割据政权的首领和湘西土司制度的缔造者。彭士愁即位后，勤于政事，注意发展农业生产，又团结各部，得到了溪州诸蛮的拥护，实力雄厚，不断扩大辖区。后来兼有上、中、下溪州，保靖、永顺等20余州，建立起一个强大的割据政权。彭士愁去世后，其子孙相继世袭统治西水流域，在五代和宋朝称刺史或知州，在元朝之后，称宣慰使、宣抚使、长官等司，统称为土司。直到清朝雍正年间，1727年，清政府实行改土归流政策，彭氏献出辖地，其世袭统治才算结束。彭氏在湘西的割据政权若从910年彭瑊任溪州刺史时算起，到1727年改土归流时终止，历经后梁、后唐、后晋、后汉、后周、北宋、南宋、元、明、清等多个朝代，前后共计存在了818年，其统治者中功绩最显赫的就是彭士愁。

## （四）物产与特色产业

由于村内山峰重叠，可利用土地资源较少。在村子发展旅游业之前，土地利用形式主要是水田和耕地。水田主要是种植水稻，耕地主要是种植玉米。发展旅游业之后，村里的土地利用主要为建设用地、交通用地和装饰美化用地。装饰美化用地主要是指荷花池、鲜花种植用地。同时，也有一些农作物用地，主要种植玉米和烤烟。烤烟是合作社的形式，由享有农村土地承包经营权的农户和从事农业生产经营的集体组织，以土地的经营权入股、委托代耕等流转方式进行集中统一规划、统一经营。

西那村民居是湘西酉水流域建筑文化的典型代表。该地村民生产生活方式古老，至今仍保留着植桑养蚕、养蜂酿蜜、绩麻纺线、石磨加工等生活传统。西那村在加快基础设施建设、改善人居环境、建设美丽乡村的基础上，坚持把发展特色富民产业、增加农民收入作为重中之重，着力开展精准扶贫和脱贫攻坚工作，积极开展产业富民留人示范村建设。充分利用当地光照充足、气候湿润、土地肥沃的自然优势，突出烤烟、白皮柚两大特色产业，大力发展美食、土蜂养殖等区域优势产业。不断发展壮大村集体经济，培养群众信得过、懂经营、会管理的领头人勇闯市场，组建西那司生态农业专业合作社。福泽香蜜种植专业合作社，帮助村民种植香蜜一号400多亩，大力促进西那村种植业发展。在村委和合作社的带领下，村民整合物质流、资金流、信息流等资源，实现一村一品、一村一景，充分彰显美丽乡村。积极安排群众参加技术培训，投入技术人员20余次，发放培训资料2000余份，为今后群众的经济收入打下了坚实的基础，取得了明显成效，群众收入逐年增加，特色产业收入占农民人均纯收入的一半以上。

村内最大的特色产业，即为"古色西那"主题的特色旅游业，打造特色传统古村落保护与利用，追寻红色文化，修复绿色生态，发展金色产业，保护银色冬雪云雾自然景观，建设美丽村庄。据西那村生态农业合作社负责人彭明清讲述，帮助家乡乡村振兴，建设美丽乡村是他最自豪的一件事。2016年10月，他回到家乡，流转土地近300亩成立合作社。西那村委会以古村落保护开发为契机，遵循"修旧如旧"，坚持

村内石径（袁立新　摄）

"重点保护、合理利用、局部改造、普遍改善"原则，按照土家建筑的风格，实施特色民居改造45户，打造特色民宿20栋，原有传统聚落形态得以保护。规划后的西那村将分为接待区、传统村落保护和利用区、休闲活动区、森林康养区、高端度假区五大板块。

西那司驿站（袁立新 摄）

## （五）经济社会发展状况

随着村内的进一步开发与整治，如今的西那村村道整洁、水电齐全，村民生活更加便利。2020年，随着脱贫工作的完成，全村人畜饮水提升工程全面实施完毕。另外，村里成立的公共服务中心设有卫生室、活动中心、图书室等活动场地。随着互联网的普及，村内借助西那司驿站（村级电子商务服务站），实现村级"电商服务"的集聚，为村民提供线下零售、网上代购、充值缴费、票务代理、物流中转、金融服务等，帮助西那村实现精准扶贫。

西那村村口（袁立新 摄）

村民共同编制了《村民自治章程》，同时提出了以"社会治安、消防安全、村风民俗、邻里关系、婚姻家庭"为首的27条村规民约。

西那村以创建产业开发示范村、生态旅游精品村为目标，综合利用山、水、古树、古村落等独特的资源优势，依托张花高速、龙吉高速、209国道、泽芙公路等四通八达的交通优势，高标准规划，精细化雕琢，精心打造具有湘西风情特色的美丽乡村示范村，形成了绿树掩映、小石铺路、干净整洁、自然和谐的美丽乡村。西那村之所以能够成为令人向往的旅游胜地，与其所处的地理形势和独特的人文情怀有密不可分的关系。

一处处遗址、古迹见证了西那村发展的历史文明，望着家家户户门前窗下年代久远的红色语录，在银杏树下聆听西兰卡普的爱情神话，看万山红叶，令人如痴如醉，流连忘返。随着"美丽乡村建设"的不断推进，西那村的人居环境得到了极大改善，富民产业得到了快速发展，短时间内实现了由贫困村向产业培育型、旅游开发型新农村的美丽嬗变。一个"绿树掩映、古朴典雅、干净整洁、自然和谐"的美丽乡村正逐步呈现在世人面前。西那村村民正凭借自身的勤劳与智慧，努力铸造明天的希望。

## 二、文化遗产

### （一）物质文化遗产

#### 1. 传统民居

山泉蜿蜒流淌，潺潺水声伴随着弯弯乡间小路和依山而建的土家青瓦吊脚楼，勾勒出了一道醉人的土家山寨的美丽画卷。西那村始建于明洪武五年（1372年），历史悠久，有着典型的民国时期的建筑特征。村内民国建筑共13栋，全为居住建筑。西那村传统居住建造的主要特色为基座石墩和木雕。

基座石墩是每栋房屋的四角基座都会用一块大石头垫着，虽然传统居民古屋随着岁月冲刷有一些破败，但不管时代如何变迁，古建筑中的古石墩基本能够保存下来。目前西那村共有10个古石墩,由于房屋翻新,底座急需保护。石墩,亦称柱础,是古代建筑中最为重要的基础构件,万丈高楼平地起,基础最重要,必须稳固、扎实。百年大计,基础为重,智慧的西那村先辈选择坚固不朽的石头为材。以石头为基和础,不仅稳固坚实,使楼房安若泰山,而且其不腐不朽、水火不侵的品质,可有效地保护和防止水、火、虫、霉等对墙体和木质构件的致命破坏。西那村的先辈在制作石墩时,十分严肃认真,在选择石材、形体设计和装饰细节上一丝不苟,环环相扣,从而创造出一件件集实用功能、雕刻艺术和美好文化寓意于一体的石雕精品。基者,墙基也;础乃柱础也。墙基之上是泥沙夯筑的墙体,而柱础承托的是屹立的木柱或石柱。

传统民居(袁立新 摄)

石墩(张雪岩 摄)

西那村房子堂屋大门和窗户大都会有木雕花,形式各异,精彩纷呈。西那村每栋房屋的门窗都会镶嵌着木雕。门窗在结构上有所改进,工艺上推陈出新,地域文化与自然环境都使门窗装饰内容丰富多彩。如此建造,是为了建筑的装饰性与功能性相协调,也是为了提升房屋建造的美感。每块木雕都经过人工精心雕刻,上面

门窗木雕(张雪岩 摄)

雕有各色各样的花卉图案，也有飞禽走兽、民间故事等，内容各异，精彩纷呈，却又绝无雷同。门窗制作的复杂之处在于它必须在面上做文章，特别是格心设计的透光部分非常重要，需要考虑的因素很多，适用、美观、牢固、成本等都要反复地斟酌，装饰手法多而复杂，为此工匠们采用了攒斗、攒接、插接、碉楼等技法，将格心制作得千变万化。

### 2. 吊脚楼

西那村的特色建筑土家族吊脚楼，大多依山就势而建，呈虎坐形，中间为堂屋，左右两边称为饶间，作居住、做饭之用。饶间以中柱为界分为两半，前面作火塘屋，后面作卧室。"前朱雀，后玄武"为最佳屋场，后来讲究朝向，或坐西向东，或坐东向西。半干栏结构，特色鲜明。在有吊脚的部分，楼上通常有绕楼的曲廊，曲廊还配有栏杆。木墙青瓦，选材单纯。土家族吊脚楼多为木结构，小青瓦、花格窗、司檐悬空、木栏扶手。

讲究的人家还在木墙壁上里里外外涂上桐油，又干净又明亮。工艺美化，整体协调。为了防止盗贼，吊脚楼房屋四周用石头、泥土砌成围墙。正房前面是院坝，院坝外面左侧接围墙有个八字朝门。房屋周围大都种竹子、果树和风景树。因忌讳与"丧""逃"谐音，不吉利，所以前不栽桑，后不种桃。土家族吊脚楼窗花有浮雕、镂空等多种雕刻工艺，雕刻手法细腻，内涵丰富多彩。以前的吊脚楼一般以茅草或杉树皮盖顶，也有用石板盖顶的，吊脚楼多用泥瓦铺盖，又由于位置讲究，所以建造土家吊脚楼是土家族人生活中的一件大事。首先要备齐木料，土家族人称它为"伐青山"，一般选用椿树或木梓树（乌桕），因为"椿""梓"的谐音是"春""子"，表示吉祥，意味着春常到，子孙旺；第二步则是加工大梁和柱料，土家族人称为"架大码"，他们在梁上还要画上八卦、太

吊脚楼（袁立新 摄）

极、荷花莲籽等图案;第三道工序名叫"排扇",就是把加工好的梁柱接上榫头,排成木扇;第四步是"立屋竖柱",是非常重要的一步。主人要选择黄道吉日,请众乡邻帮忙,上梁前要祭梁,然后众人齐心协力将一排排木扇竖起,这时,鞭炮齐鸣,左邻右舍送礼物祝贺。立屋竖柱之后便是钉椽角、盖瓦、装板壁。富裕人家还要在屋顶上装饰向天飞檐,在廊洞下雕龙画凤。

### 3. 遗留古迹

在西那村,除了历史悠久的传统民居木屋,还有一批古迹遗存,古井、古石阶等一批批遗留古迹代表着西那村数百年的历史积淀。从古至今,先民们就在这块水泽之地上劳动、生息、子孙繁衍,创造出了丰富多彩的传统古村落西那村。西那村有一处位于村口的古井,有山泉水流入井中,并储存于此,村民从这里挑水以供饮用。虽然西那村的大部分年轻人已远离家乡,外出务工,但这口井依然成为西那村世世代代村民的回忆。

古井(张雪岩 摄)

村落中间有一条长长的石阶,贯穿全村落,是村民入户的主要通道。西那村现存古石阶近100米,石板路大多保存较好,处于传统居住建筑之间,起到连接传统民居的作用。布满青苔的古石阶寓意"步步高升",一层层石阶,承载了历代西那村民的聪明与智慧,他们在这里开山劈石,以石筑屋。盎然的青苔、斑驳的墙壁诉说

古石阶(张雪岩 摄)

着曾经的土司王朝历史,古韵乡愁藏于石路石阶,魂牵梦绕隐于石墙石碾。沿着古石阶不远处,还保留着古时遗留的排水系统,共有12处,于古宅旁,连接各个沟渠。全村的排水沟前后左右相通,上下首尾相连,形成了一个大的排水体系,水流畅通无阻,极大地体现出土家族工匠的卓越智慧。

## (二)非物质文化遗产

### 1. 传统婚俗

西那村土家族传统的婚姻礼仪相当繁缛,虽无"六礼"之名,必备"六礼"之仪。一是订婚前的礼仪。官府文告规定:百姓男女相当,又无亲属制服,而男女父母自愿结姻者,必先央媒约,通知明白,一有不愿,即止。民间也演渐成俗。男方托媒人,提亲讨口气;女方放话看人家。这个过程完全是媒人牵线搭桥,在双方父母主持下进行。二是行聘订婚。女方"看人家"允许之后男方择期备台盒,即备绢帛、簪环、果酒等物,书写第几男,某年某月某日出生的男家庚书生。礼物男家用红纸开具后写姻眷弟某率男某顿首拜。请媒人随同到女家。女家收聘,用相同格式写好女子庚书,中贴红签上写"领谢"二字,交付媒人回复男家。举行订婚仪式之后,男方所送聘礼称为打发。之后,男女双方即可走动,但主要是逢年过节时男方到女方家拜年。三是选择婚期、预制衣饰、办置嫁妆。择期讲究的是按照男女双方的"八字"推定吉日,如女方许约,即行定期,定期之后由男家用名帖开具婚礼单,另以红纸开明迎亲日期,先告祖先,由媒人送往女家之后,男家开始制备衣饰、布帛、果饼等物。果饼称"茶食",严格按照女家亲族辈分准备,不得差错。早期,男家置办的礼物和女家置办的嫁妆都是正式婚期前送往对方家,以后演变为迎亲出嫁的当天随带,这就增添了婚期的喜庆色彩,而且双方都可以在亲朋好友面前显示体面。四是喜期。有的地方称"过期"。举行婚礼,历时三四天,有许多仪式,显得十分繁杂和格外热闹。

## 2. 传统音乐

打溜子。西那村土家族儿女历来尊崇先祖,尚武崇文,耕战间注重文化娱乐生活,沿袭数百载的土家打溜子已被列入国家级非物质文化遗产名录。打溜子节奏明快,动作舒展大方,乐者手持乐器或全身闪转腾挪,或静立或舞动,或端坐或前行,击乐与舞蹈结合在一起,极富观赏性与文化内涵。打溜子是土家族人民普遍喜爱的一种打击乐器。"打溜子"又称"打家伙""打家业"等,土家族打溜子与土家族人民的生活密切相关,土家族儿女娶亲嫁女、葺屋造栅、弄璋弄瓦、寿诞离不开打溜子,年节喜庆要打溜子,特别是土家族的传统舍巴日更是少不了打溜子。打溜子是由钩锣、溜子锣、头钹、二钹4件金属体鸣乐器组成的,有的地区在合奏中还加用唢呐,称为五支家伙,能将各类乐器的技巧融于一体,并充分发挥每件乐器的演奏技艺。打溜子在奏法上句句相溜,形成规律,故而得名。溜子曲牌有百首之多,当地广为流传的有《画眉跳枝》《野鹿含花》《四进门》《燕子拍翅》等,颇具特色。"打溜子"曲谱,有文谱、武谱之分,文谱用于红、白喜事礼仪,武谱除用于喜事之外,还用于玩灯(舞狮、舞龙)等。西那司村民每年都会参加县里组织的歌舞团演出并多次获奖。

咚咚喹。湘、鄂、川、黔边的武陵山中,山奇水秀,崖险石峻,谷深林密,沟壑纵横,溶洞遍布,奇妙的自然环境孕育了勤劳勇敢的土家族古代生民。在这块神奇土地上繁衍生息的民族必然会创造出大量优美而独特的艺术作品。咚咚喹也是土家族浩如烟海的文化艺术品种中独特的非遗瑰宝之一。咚咚喹是一种簧管气鸣乐器,流传于湖南省湘西土家族苗族自治州龙山、永顺、保靖、桑植等地。西那村村民目前还保留传统的咚咚喹演奏乐器,在传统节日节庆中进行表演。咚咚喹历史悠久,用于年节的歌舞伴奏或消遣时的独奏、齐奏,主要在土家族妇幼中传承。若从制作材料区分,分为竹、草质两种;若以簧片质地划分,它有竹叶、叶片两类。逢年过节或农闲时节,村里男女老幼都会聚集在一起,打花鼓,唱山歌,自娱自乐、悠闲度日,一派世外桃源的田园生活。

常用曲（巴叶咚）歌词节选①

巴业咚

巴业咚

巴业嫂子做了月

已经生了伢

就要燕上朝

明天、后天去看月

炒米、糖馓都做了

窝窝、铺盖新做了

一样一样都齐全

去看月

### 3. 传统禁忌

据访谈，西那村有着独特的风俗禁忌，主要包括以下三个方面。

（1）图腾禁忌

白虎是土家族人的信仰图腾，以前，土家族人每家每户都要设坛祭虎，或者在中堂挂白虎。而现在人们对白虎有敬、畏之分，鄂西为敬，湘西为畏。鄂西土家族人信奉白虎当堂可以避免灾祸的说法，在居民家中的堂屋多设白虎坛，而湘西人则认为白虎当堂会有灾祸降临。

（2）食物禁忌

食物方面，土家族人中比较普遍存在的是女孩禁吃鱼卵，这是其对人类发祥的一种忌讳之举。土家族中流传着一个神话故事。相传很久之前人间发大水灭绝了人类，玉帝派两兄妹来繁衍人类，两兄妹通过神的撮合，经过一系列过程结合在一起，结果生下的不是孩子而是一串葡萄血球，娘娘大怒，将葡萄剪一颗丢一颗，落在各个地方形成了各个民族。这个故事揭示了血缘婚的危害，土家族人对生葡萄怪胎感到恐惧，见鱼卵形似葡萄故而禁止女孩吃鱼卵。

---

① 彭秀桀整理.土家族挤钹牌子[M].成都：四川民族出版社，1987.

(3) 节日禁忌

土家族人关于节日的禁忌比较多,例如腊月二十九,妇女们不能做针线活、不能洗衣服;除夕时,不能到水井挑水,不能宰杀牲畜。正月初一,不可说不吉利的话,即使是"不要""没有"之类的话也不能轻易说出口,更加不可吵架、骂人,并禁止扫地。另外,腊月的"牛日"不能出远门,否则会遇到红煞不能归家。结婚的日子不能是单数。

#### 4. 特色节日

(1) 荷花节

西那村特有的荷花池每年吸引了不少的游客。2019年7月21日,永顺县西那村荷花盛放、歌声飞扬、人声鼎沸,"东西部协作·精准扶贫放赞歌"活动在这里举行,首次举办的荷花节吸引了无数慕名前来的人。一朵朵白色、粉红色的荷花依偎着碧绿的荷叶,在阳光的沐浴下,显得更加清秀,雅洁,妩媚。进入盛夏,这里映入眼帘的是一片绽放的新鲜荷花,一阵阵淡雅的芳香扑鼻而来。这个被誉为"鲜花盛开"的美丽乡村,满塘荷花绽颜,粉红清丽、白色淡雅,荷叶有卷有舒,荷花有开有合,红绿交相辉映。活动现场情景歌舞、歌伴舞、朗诵等形式展现了东西部协作、精准扶贫的成果,体现新农村的变化和新气象,让群众切实感受到新农村在党的领导下发生的翻天覆地变化。

(2) 舍巴节

"舍巴节"又名"调年会""社巴节",是西那村土家族传统节日中最为隆重的一个综合性节日,其中有反映土家族男女爱情、婚姻习俗的内容。"舍巴节"一般在每年正月举行,有着严格的祭祀仪式、独特的祭祀方式和丰富的表达内涵。其表演的毛古斯、摆手舞、梯玛歌、打溜子、咚咚喹等数十种形式,被列为国家、省、州级非物质文化遗产保护名录。"舍巴节"既是土家族的隆重节日,亦是土家族的文化荟萃。历史上有清朝土家诗人彭施铎的经典传世之作,"福石城中锦作窝,土王宫畔水生波""红灯万盏人千叠,一片缠绵摆手歌"。

舍巴节是西那村土家族传统祭祀节日,祭祀祖先、祭祀社神(即带来风调雨顺、人丁兴旺的神,土家语称"咱卡",咱,土语意为社菩萨,卡,土语意为过,倒装语,咱卡即过社菩萨)。有预祝丰年的内容,还有男女青年对歌择侣,谈情说爱的内容。在"舍巴节"期间,男女青年通过赛歌、跳摆手舞等活动进行交往,谈情说爱,各自寻求自己称心如意的终身伴侣。

## 三、自然资源

### (一)自然景观

自给自足的生活习惯源自西那村丰富的自然物产资源。西那村水资源比较丰富,村的一边有西水经过,境内山塘丰富,分布大片池塘和多条小溪流。岩溪穿村而过,地下水资源丰富,叫满足农业生产和生活用水。西那村属亚热带湿润季风气候,是湖南的气候温暖区,年平均气温16.4℃,全年平均日照1306小时,年日照率达30%以上。实测多年平均降水量1357毫米,全年无霜期286天。西那村气候温润、雨水丰沛、日照充足、四季分明,植被保护较好。

村里溶丘洼地、地貌区洼地、落水洞等岩溶形态极发育,侵蚀溶蚀型丘陵沟谷地貌区内洼地较发育,局部发育小规模落水洞等岩溶形态。这些岩洞质地坚硬,洞深壮阔。

### (二)动植物资源

除了丰富的水土资源,西那村还拥有丰富的动植物资源。土壤主要由石灰岩(包括白云岩)、板页岩、紫色砂页岩、河流冲击物等母岩发育而成。山地土壤分为黄红壤、黄棕壤、红色石灰土、黑色石灰土、紫色土等,土壤呈微酸性至弱碱性,肥力较高,适应多种植物生长。属于亚热带常绿阔叶林植物群落区,植被生长繁茂,树种资源丰富。野生植物资源也十分丰富,村内拥有一棵千年白果树。还有野大豆、红椿、毛红椿、金荞麦、楠木、南方红豆杉、华榛、黄连等野生植物。野生动物主要是各种鸟类,山里还有一些松鼠、野鸡等。

## 四、历史人物

古老悠久的西那村除了流传着银杏树和兰花寨的神秘传说,还有一位人尽皆知著名抗战人物王连凤。他1913年出生于湘西古寨西那司,从小家境贫寒,1934年12月,怀着一颗炽热的心,在夹树乡报名参加中国工农红军,1935年12月光荣加入中国共产党。1935年11月17日,随红二方面军从湘西桑植县刘家坪出发,参加了举世瞩目的二万五千里长征,爬雪山,过草地,历经千难万险,于1936年7月到达四川甘孜地区,与红四方面军胜利会师。

王连凤所在的七一七团先后参加了恢复西北七城之战斗,广灵、灵邱阻击战、邵家伏击战等。八路军第一二零师授予七一七团"铁的七团"称号。1938年底,王连凤随三五九旅奉命返回陕北绥德地区,担负保卫延安的任务。

1944年,党中央为了增强华南抗日力量,开辟五岭抗日根据地,决定三五九旅组成南下支队。王连凤所在的南下第一支队于1944年11月9日从延安出发,经绥德东渡黄河,越过同蒲(大同至风陵渡)铁路日军封锁线,进入河南地区,在日军占领区与国民党统治区的间隙中行进。从临汝县(今汝州市)进入鲁山境内,经煤窑嘴、李窑、朱庄、黄沟(今仓头乡)一线南进,6日下午,军政委员会在青古寺召开会议,研究决定兵分两路通过日军盘踞的鲁山县城。6日夜,右路纵队在通过和庄、后王庄一带时与日军遭遇,王连凤表现英勇、顽强,在激战中负伤,成了三等一级残疾军人。有史料记载:这次战斗,南下支队共消灭日军113人;炸毁坦克2辆,装甲车3辆;严正祥等18名战士牺牲,王连凤等25名战士身负重伤。这些英勇事迹,体现了西那村人民的大无畏精神。

(本章由张雪岩撰写)

# 第十章　大井村

　　大井村地处永顺县西南腹地,周围山石林立,坐落于群山之中,自元末明初第一代先民符氏祖先奉诏来此垦荒,开发大井,大井已具有700余年的人居历史。大井村距离县城12公里,北邻小井村,南接盐井村,东隔九龙山与双凤村相邻,西与和平村相靠,乜车河贯穿全境,与小井村、盐井村以"河"一带相承,形成典型的河谷地形。2016年,大井村被列入少数民族特色村寨试点示范单位;2016年11月,大井村被列入第四批中国传统村落名录。

# 第十章 大井村

## 一、村落概况

### (一) 地理生态环境

大井村分十个自然寨,寨与寨之间相邻,根据来此时间长短又分为客寨和土寨,乜车河贯穿全村,村民以河流为中心,沿河两岸而居,两岸房屋与河流之间依托平坦地形形成大片农田。

村庄四周山峦起伏,树木葱葱,自然风光秀丽。坐拥古河道1处,古井17处,古院墙1处,以及古树300余棵,最小的也需2个成人手牵手才能合围,最大的一株需要6个成人手牵手才能合围,这些古树像千年守护神一样虔诚地守护着这一块净土。乜车河流经村寨通往保靖县酉水河,河面宽阔,四季长流、溪水淙淙、清澈如镜,犹如土家姑娘的一条玉带将全村10个寨落紧紧环绕,再加上四周重叠起伏的山峦,将村落萦绕得青翠秀丽。河与村寨之间是大片农田。村寨主要沿河两岸分布,逐渐向后山发展。村寨四周多楠竹,亭亭玉立,郁郁葱葱。全村在整体上形成群山环抱、溪河分隔、分寨而居的历史格局。

大井村村口(雷秋萍 摄)

### (二) 村落来源

大井村历史悠久,建村已有数百年历史,村落人居环境形成于元末明初之际,这一时期,大井苗寨符氏之祖、彭家寨彭氏之祖奉召垦荒,逐渐来此居住,开启大井村的发展历史。

关于其地名的来源,说法有三。一是古井说。据村民介绍,大井村自古便有三口规模与水源都不小的古井分散于村内,故而称之为大井村。二是井盐说。这是源于对大井、小井、盐井三村地理位置与作用的思考。很久以前,盐井是一个典型的井盐生产地,故称之为"盐井",随后在大井与小井均发现井盐的出处,三个地方都是生产井盐的地方,以盐井、小井、大井予以区分。三是形状说。认为大井乃是因地形而定名,"大井"实为长条形盆地,处于酉水河支流乜车河源地段,东靠九龙山,西倚长岭,北有象坡,南有后龙坡,可谓盘龙卧虎立象之地,形如井状,与上下两村以"井"为名,分别为小井、大井、盐井。三个村数大井地势最为平坦开阔,山清水秀,田地多且肥沃,海拔400多米,年平均气温16.5℃,适宜生居养息。明朝初期,大井苗寨符氏、彭家寨彭氏最先奉召来此,开垦荒野新地,开发大井一带。

村内景象(雷秋萍 摄)

## (三) 村落人口

明朝初期,大井苗寨符氏、彭家寨彭氏最先奉召来此,开垦荒野新地,开发大井一带。当前,彭氏一族族人最多,约占全村人口的80%。全村户籍人口1140人,常住人口634人,主要民族为土家族。

## (四)经济社会发展状况

一方水土养一方人,一方山水有一方风情。大井村村域面积达9平方千米,村庄占地120亩,林地5150亩,稻田650亩。产值最高的产业为种植业,其中玉米、水稻、辣椒种植面积较为广泛。2015年该县环保局驻村开展扶贫工作,积极探索乡村旅游新模式,将乡村旅游与农业生产、农村生态、农民生活相结合,投入资金1060.1万元,实施道路改造8.3公里,桥3座,机耕道2200米,整修塘渠200米,实施户间道硬化建设5000米,改善了旅游基础设施;积极发动群众,整合200亩土地集体种植油菜,与老司城、双凤、盐井、泽家、对山、芙蓉镇一条线乡村旅游线联结起来,带动以大坝、泽家为中心的整个面的旅游及经济发展,探索出一条乡村旅游脱贫致富的道路。2017年,以"旅游+产业+扶贫"的模式重点建设大井村的基础设施和配套设施,完成了大井村的垃圾围、人饮工程建设,最终完成了脱贫工作。2018年政府继续依托地理资源优势,带动村民发展农特产品种植,先后组织全村养殖稻花鱼20亩,种植油茶650亩、黄桃54亩、白皮柚68亩,为本村和附近村提供一些就业机会的同时,大力推动了经济的发展。

## 二、文化遗产

永顺县是典型的少数民族聚居地,大井村亦是一个土家族聚居村落。截至2020年,村内仍保留着丰富的土家特色与传统文化习俗,土家文化在一定程度上得到了有效保护与传承。

## （一）物质文化遗产

### 1. 古房屋

大井村古房屋建筑相对来讲集中保存完整，现有传统民居175栋，依山而建，其建筑多为两层吊脚楼和两层木楼，制式为三柱四骑、三开间、穿斗式、歇山式。雕花构建较多，有寿字图案窗花、喜字图案窗花配镂空卷草纹图案。吊脚楼有吊瓜、万字格栏杆做装饰，翘角比较高，阁楼翘角，掩映在村寨翠竹秀林。第三次全国文物普查新发现不可移动文物数量3处，县级政府认定为历史建筑的数量3处，全部传统建筑占村庄建筑总面积的97%。目前存有的建筑中，历史最悠久的为明故始祖彭守一墓碑，建于明代。民国时期建筑2处，彭真山木楼和彭施涤书房，建筑规模分别为170平方米和150平方米。解放初的建筑1处，为彭延彪宅，建筑规模达到220平方米。中华人民共和国成立后的传统建筑保存相对完好，数量较多，一共有5处，分别是彭秀盘宅、彭秀运宅、彭延斌宅、风雨桥和清末文举人彭施涤墓碑，其中，彭秀盘宅建筑规模有200平方米，彭秀运宅建筑规模100平方米，彭延斌宅建筑规模最大，达到310平方米。

除此之外，转角楼小巧精致，翘檐造型独特，传统楼阁朴素大方，护栏精雕细琢，窗饰纷繁复杂，石板阶沿和平场更是历经了百年的风霜依旧坚固结实，院落井井有条，朝门有种独特的风味。再往细处看，滴水床做工繁杂，花样众多，雕花精美，窗格花古朴养眼，垫柱石结实耐用。

村规民约碑（袁立新 摄）

窗花1(田琳 摄)　　　窗花2(田琳 摄)

古房屋(雷秋萍 摄)

## 2. 吊脚楼

土家族吊脚楼多为木质结构,干栏式建筑,飞檐翘角,四面均有走廊,悬出木质栏杆上雕有万字格、亚字格、四方格等象征吉祥如意的图案。悬柱有八棱形、六棱形、四方形,底部雕刻有绣球、金瓜等各种图案。窗棂刻有双凤朝阳、狮子滚绣球以及牡丹、菊花等各种花草,古朴雅秀,美观实用,具有鲜明个性和民族工艺特色。

吊脚楼的形式多种多样,主要有单吊式吊脚楼、双吊式吊脚楼、四合

裕庆桥（雷秋萍 摄）

水式吊脚楼等,具有无坎不成楼、无瓜不成趣、不转不成楼等建筑特征。结构独特,形式活泼、特色鲜明且规模宏大,是集建筑、绘画和雕刻等艺术为一体的珍贵的民间艺术结晶,也是中国建筑艺术史上的杰出代表。

土家吊脚楼修建过程为:伐木,指上山砍木材,请木匠加工;立柱升扇,即立柱子;上梁,是一个非常隆重的仪式,开梁人还需说吉利话以开梁,每上一台阶说一段祝贺词,同时娘家亲戚会送匾额等礼,上梁时将其挂上;最后是起板,指架子搭好以后,开始向房子四周封板子(墙壁)。在其修建过程中,土家吊脚楼讲究"抬沿升脊,升扇跨斗,四方八张"。

开梁词:

东方亮,海水潮。
四海金鸡把翅摇,雄鸡一唱天下白。
正是皇帝坐早朝,文武百官齐来到。
三呼万岁把君朝,天开黄道紫薇照。
起屋造扇办喜事,火烧连天冲九霄。
玉帝坐在凌霄殿,响声震得龙位摇。
忙把太白君星差,提天门上看分晓。
凡间人世喜事多,喜事重重化今宵。
国正民顺今时好,处处吹响安庆调。
家家有钱又有米,吃不愁来穿不骄。
人人都走发财路,步步登高上金桥。
今有东家请鲁班,新修房屋多热闹。

玉帝听了这喜讯，龙心大悦乐陶陶。
急忙又把三星差，去到凡间走一遭。
三星领了玉帝令，腾云驾雾下九霄。
下凡无有别的事，去给东家把喜道。
东家立屋大吉兆，正好立在龙脉上。
这个龙脉来得远，头脉源自昆仑山。
昆仑山上三支脉，一支来到我湖南。
从此永顺立府县，此地也是大君銮。
道完喜信观好景，东家房屋色色新。
前有朱雀来献宝，后有玄武赐金银。
左右青山印绿水，前后花果竹成林。
鸡鸭成群五业成，人比桃花四季春。
天开文应接贵子，地圣吉祥万代兴。

### 3.桂香书院

"永顺教育看大井"，大井村是永顺县城内远近闻名的"教育村""文化村"，历史上曾出现了近30位秀才、举人，及至近现代，也是人才辈出，大井的教育发展也是其村落发展的重要特点，大井村自明朝起已有书院(桂香书院)存在。村中教育文化兴盛，私塾、书院等不同形式都先后在大井村发展，位于2组的桂香书院遗址至今仍然可见其痕迹。乾隆年间，桂香书院享誉湖广，涌现出彭勇行、彭勇功、彭施涤、彭施铎、彭秀模、彭秀枢等一批文化名人。不二门洗心池泉前题诗《洗心》，就是清同治年间进士、该村著民古诗人彭勇行所作；描绘永顺八百年土司居住地老司城的经典诗作"福石城中锦作窝，土王宫畔水生波。红灯万盏人千叠，一片缠绵摆手歌"的作者就是该村著名诗人、清光绪年间贡士彭施铎；先后参与"公车上书""东京同盟会"，后任民国国会议员的光绪年间举人彭施涤也是出自大井村。从中华人民共和国成立至今，该村在乡县、州省及省级以上各层工作岗位上任职的国家干部高达300多人。

### 4. 大井小学

大井小学前身是建于1904年的时雨学堂,距今已有115年历史。时雨学堂的第一任校长,正是大井乐湾出生的清同治末年贡生、著名学者、诗人、永顺府官立中学堂(今湖南省永顺县第一中学)的首任校长彭施铎。1904年秋,彭施铎卸任永顺府官立中学堂校长职务后,返乡发动族人集资办学,在其高祖肇桢创办的桂香书院的基础上改办新学,取名"时雨学堂"。中华人民共和国成立后,为响应国家教育政策,1951年,时雨学堂改由村办,易名"大井小学"。2005年,根据县人民政府教育规划布局调整,暂停办学。2018年9月1日,经湖南省教育厅批准,再次恢复办校,新命名为"永顺县灵溪镇大井村小学"。

学校历史悠久、书香鼎盛,人才辈出。如彭霖囷、彭秀糠、彭秀桓、黄运籍等知名教育人士,湖南省立第八师范学校校长彭娟容,国际援外专家组副组长、湖北建材工业研究设计院副总工程师彭秀绍,全国政协常委、中国民族语言学家、原吉首大学教授彭秀模,北京火车站、重庆火车站首建主要负责人之一姚绍湘,马鞍山钢铁集团公司高级工程师彭秀俨,湖南省民族研究学会常务理事、湘西州人大代表、州政协委员、吉首大学副教授彭秀枢,湘西民族职业技术学院院长彭延敏,湖南省经济学会理事、吉首大学教授彭延炼,西部战区陆军第十三集团军特种作战旅第七十七旅副参谋长唐正辉等均启蒙于此。

## (二)非物质文化遗产

### 1. 毛古斯

土家族发展脉络清晰,历史文化源远流长,土家先民创造了丰富的民族文化内容与形式。毛古斯是土家族聚居地区流传至今的一门古老表演艺术,其名字的界定,在不同地区的土家族内部有着不一样的争议。龙山以彭南京为代表的毛古斯传承人认为,毛古斯应当写作"茅古斯",而非

"毛古斯",是指古时候的村民缺衣少服,在重要的庆典或祭祀节日里,以茅草为衣,聚集在一起,载歌载舞,以表庆祝;永顺大井村以彭秀槃为代表的土家文化传承人认为,毛古斯并非身着茅草表演的"茅古斯",而是源自远古时期,土家族的祖先还是浑身长满毛的原始人类,以狩猎为生,每逢狩猎出发前与收获时,都会载歌载舞以表庆祝,故而由此称之为毛古斯。虽然两种说法有所区别,但其内容具有一致性,是将日常狩猎行为与动作加以一定动作形式的编排,以一种近似戏曲写意、虚拟、假定等技术手法,表现土家祖先渔猎、农耕、生活等内容,既有舞蹈的雏形,又具有戏剧的表演性,两者杂糅交织形成的一种祭祀性舞蹈。大井村当前仍有毛古斯表演团队,逢重要节庆日,会组织毛古斯表演。

### 2. 摆手舞

土家摆手舞是另一种记录生活、描述生活的舞蹈性语言,传递着土家先民的生活状态与生存方式,在民族文化的璀璨之林亦创造了一份属于自己的绚烂。

土家族摆手舞音乐包括声乐伴唱和器乐伴奏两部分,声乐主要有起腔歌和摆手歌,乐器主要是鼓和锣,曲目往往根据舞蹈的内容及动作而一曲多变。摆手舞的动作特点是顺拐、屈膝、颤动、下沉,表现风格雄健有力、自由豪迈。围绕耕地、播种、除草、插秧、掰玉米、收割等一系列日常农作内容编排而成,是对土家族农耕生活形象生动地再现。据大井村村民介绍,村里几乎人人都能跳上一段摆手舞,忙时各自忙碌自家产业和农活,闲时或是节假庆

传统舞台(田琳 摄)

典时,则相聚一堂,在村部大舞台跳起摆手舞。

### 3. 梯玛

历史上,土家族聚居于湘鄂渝一带山林之中,群山环绕,自产自足,相较于外界较为封闭,在面临生老病死、自然灾害时,往往求助于上天神灵,由此产生了一种特殊的身份——梯玛。梯玛即巫师,也称老司,被认为是人神之间沟通的使者,既能向神表达人的祈求,也能向人传达神的旨意。梯玛具有神通广大的本领,民间祭祀、治病、驱邪赶鬼、求子问事、祭祖还愿、祈雨禳灾等都由其主持,通过做法事来主持祭祀或为村民治病消灾,小到替小孩打扮、取黑等解劫小法事,大到还愿、祭祖等大法事。做法事时,梯玛会念咒、跳神、吟唱《梯玛神歌》,有的还会上刀山、下火海,梯玛在做法事时所跳的舞蹈称为梯玛舞。大井村乃至整个永顺地区,都十分尊重梯玛文化,逢遇白事,基本都会请梯玛、摆道场、做法事。梯玛做法事时常用的法器有八宝铜铃、牛角号、令牌、罗公罗母像等。

八宝铜铃是在一根木棍上绑上两组铜铃,木棍约一尺长,一端刻着马头,颈部系着五彩布条,象征马鬃,另一头系着铜铃,梯玛在做法事时晃动八宝铜铃主持祭祀或迎请鬼神。相传早期土老司有8个铜铃,后来给汉老司和苗老司各送了1个,现在只有6个。

牛角号是用牛角制作而成,具有号召性,梯玛吹响号角表示召集阴兵阴将。高水平的梯玛,讲究号声的感染力,注重号声的抑扬顿挫。

令牌借鉴于古代军队的虎符,用于发号施令,梯玛做法事时敲响令牌,邀请满天神佛前来相助,或镇坛守界,或驱赶鬼魔。

罗公罗母是做法事常用的两尊佛像,相传土家后人均是罗公罗母的后代,做法事时需请出罗公罗母,供奉于祭台上。

法事现场梯玛吹响牛角号(田琳 摄)

梯玛做一场完整的法事,大致分为以下几个步骤:开坛－请师－取水(取井水,寓意净水)－洒净(在祭台周围喷洒净水)－升旗－挂榜(挂放做法事所需各类图案)－招兵－安营－扎寨－五方(迎五方神灵)－结界(设定结界)－迎圣－接驾－开方－破狱(将灵魂从地狱里抢出来,超度亡灵)－诵经－礼忏－审案－步上刀梯－拜五方(东西南北中五方神灵)－谢驾。

### 4. 土家族技艺

大井村的土家族技艺以吹木叶、咚咚喹、打溜子为主要内容。木叶是我国古代民间流传的一种吹奏乐器,广泛流传于西南一带的农村地区,是指选取普通树叶吹奏出声,现如今,这项吹奏技艺被西南土家族、苗族、白族等少数民族所掌握,农闲时经常即兴演奏,因其材料来源于木叶而得名为吹木叶。

咚咚喹,土家族另外一种吹奏乐器,原写为"咚咚亏","亏"是古时的一种乐器,土家族多聚居在山林之间,四周细竹环绕,竹资源丰富,采取竹篾为原材料,制作简单、携带方便,因其发出的声音咚……咚……喹,故称之为咚咚喹。打溜子,也称"打挤钵",土语"家伙哈",是一种混合钵、锣,以及喇叭(有时候使用)等敲打乐器组合而成的合奏器乐,深受欢迎,每逢婚嫁、年节、喜庆之际,村子里的老人或后生,总会相邀为伍,组成四人队或六人队,一起表演。咚咚喹是土家族的一种极其古老的民间簧管气鸣乐器。从1994年5月在沅水湘西段贝丘遗址发现的两枚骨哨来看,咚咚喹当起源于距今6500~7000年以前的新石器时代早中期,经历了从只能吹一个音的骨哨到能吹两个音的鸟哨再到三孔一筒音的咚咚喹这样一个历史发展过程。至今仍盛行于湘西永顺县、龙山县等土家族地区。清代的一首《竹枝词》记云:"流水淙淙白云飞,翠色重重笼四围;三五村姑齐吹奏,婉啭悠扬咚咚喹。"咚咚喹已经被列入第二批国家级非物质文化遗产。

土家族打溜子是土家族地区流传最广的一种古老的民间器乐合奏,它历史悠久,曲牌繁多,表现力丰富,是土家族独有的艺术形式。它不仅能为民族学、社会学的研究提供不可忽略的重要材料,也可作为音乐学中音色旋律学研究的极其珍贵的原生性文化标本之一。

打溜子,作为一种混合器乐形式实现了历史故事与当今时代特色相融合的统一,在沿袭先人代际相传的古老形式过程中积极接收新的时代特征,参照原始曲调寻找并创造适宜于新时代传承与传播的乐谱资料,同时坚持将其应用于实践生活之中,诸如寻常百姓家的婚嫁、乔迁新居以及大型节日庆典。

大井村仍然存在着一批溜子爱好者,尽管平时忙于农活、生计,但一有闲时便集聚在一起,组成溜子小队,敲奏溜子乐曲。打溜子大多通过现场表演、手把手教学等途径进行土家传统技艺的传授,其传承方式具有自发性,影响力不足。

### 5. 土家族织锦

织锦技艺,在西南地区苗族、侗族以及土家族等少数民族中广为流传与使用。土家织锦起源于土家族聚居地区的一种原始纺织技术,是土家族人民纺织史上最具特色的一笔,其原材料来源于自己生产的棉花,利用闲余时间将其纺成纱并织成布,与当前市面上流行的十字绣有极其相似的特点,讲究经线、纬线的交错互织,经线一般为黑白两色,纬线则具有多种色彩。早期颜料单一时,土家织锦的颜色大多以黑白为主,缺乏亮丽颜色,之后随着颜料的不断发掘与丰富,逐渐形成现在丰富多样的土家织锦样式。在其制作手法上具有多种方式,包括挑花、扯花、绣花等工艺样式,并选取生活中常见的鸟兽、花卉为图案,使其更具欣赏性。

西兰卡普是土家族人的花铺盖,有"土家之花"的美称,人

传统土家族织锦图案(田琳　摄)

们把这种手工织的有各种花的布叫作"西兰卡普"。西兰卡普，一种土家族人专有的夹花织锦成品，在机器作业盛行的时代，以其自身独有的雕花编鸟、织草制兽特点立于中华织锦之林，毫无逊色之处，是当代土家族人身份的一种象征。土家族织锦技艺已有1500多年的历史，成为国家级非物质文化遗产。目前虽然已经确定继承人，但仍处于濒危状态，活动规模较小，10人以下，已经连续传承100年以上。织锦用棉线织成，俗称"打花"，主要有打花铺盖（土家语西兰卡普）和花带两大品种。其中西兰卡普最具代表性和典型性，它采用"通经断纬"的挑织技术，分为"对斜"平纹素色系列和"上下斜"斜纹彩色系列两大流派。西兰卡普使用古老的纯木质腰式斜织机织造，其技艺流程主要由纺捻线、染色、倒线、牵线、装筘、滚线、捡综、翻篙、捡花、捆杆上机、织布、挑织12道工序组成，另以"反织法"挑织成图案花纹。

西兰卡普为土家族人代代相传。很久以前，土家女子都会编织西兰卡普，并以此来作为自己的嫁妆，那时候，西兰卡普仅流传在土家族聚居区，只是织成被面做嫁妆，没有流向市场。之后，随着商业发展，西兰卡普逐渐走向市场，作为艺术品被带到了世界各地，或放在博物馆展览，或私人珍藏。因为市场需要，西兰卡普的形式也发生了变化，从被面发展为椅垫、桌布、窗帘、床罩、壁挂、围巾、服装、拖鞋、地毯、钱包、提包、挎包等多种形式，只要有市场需求，在专门设计下就能织出相应的成品。一件普通的土家织锦，经过从选材到纺、织再到成品，通常需要耗费1～2个月的时间，因为织锦过程中耗费了高强度人力成本、织锦成品本身具有精致雅观的特点，因而织锦技术具有很高的价值效应，一件普通织锦成品，售价在1000～2000元。

大井土家族织锦是西水流

土家织锦（田琳 摄）

域土家织锦手工技艺的原生地,其图案花纹多种多样,充分反映民族文化心理和不同时代文化积淀的独特表现方式,展示了土家族人的创造力,对中华民族多元文化的形成与发展有积极的见证意义。目前,土家织锦技艺的传承仍面临着严峻问题。

### 6. 九龙山传说

九龙山位于大井村东部,与双凤村隔山相望,一个村在山上一个村在山下。相传洞庭湖龙王生有九子一女,龙女与泾河龙王缔结婚约,但却在婚后备受虐待,导致龙女婚后生活十分不幸。一天一个秀才柳毅路过泾河处,碰到龙女并眼见她的悲惨生活,龙女向其诉说苦楚与不容易,并拜托他帮忙传信给洞庭龙王。龙王气不过,一气之下杀了泾河小龙。龙王出行时一路呼风带雨,沿途百姓连连遭殃。龙王被上告到玉帝处,玉帝雷霆震怒,下旨处罚龙王。龙婆带着九子逃跑,跑至酉水处,在龟相带领下躲进现在的九龙山,从此隐姓埋名,为避免被发现,九子分开居住,第九子因年幼由龟相带领。但由于第九子年纪最小,备受宠爱,十分调皮,也不受山神土地约束,本是一马平川的咚咚堡,被他一个翻身,激起山峦,形成大山包,被玉帝发现,又派人斩杀九龙。当前九龙山上有一个黑猫洞,洞内有一股清甜泉水,相传便是天兵斩杀九龙时,第九子临死前的尿,一直到现在,泉水不断。

## 三、历史人物

大井村历史悠久,教养有道,被称为永顺县书香之地,文明之村。该村人杰地灵,文风鼎盛,人才辈出,自彭氏第六孙彭泽贤赴辰州中秀才后,村中私塾文化兴盛,孕育出不少知名人士。全村知廉耻,重教育,自古以来就遵循"尊师重教"的传统习惯,是典型的传统耕读书香文化村庄。

# 第十章 大井村

## (一) 望族彭氏

彭姓是大井村的大族姓氏,其人口约占全村总人口的80%,元末明初彭姓族人逃难至大井,并在此地开垦荒地,发展大井。在大井的历史发展中,彭姓族人人才辈出,有革命烈士彭海东,文化名人古代有彭勇行、彭勇功为代表的"彭氏八勇"、彭施铎等,近代有彭施涤、彭岱云、彭琯容三父子等,现代有彭秀模、彭秀枢和彭秀侣、彭秀俨两兄弟等。

相传大井彭氏原为土司旁系后人,因家族矛盾,逃难至此,并长久居住下来。1580年6月6日,新任土司伯叔彭顺臣因躲避土司王朝实际掌权人白氏的迫害,携其长子与次子逃难至大井一带,借宿于符氏,符氏见其长子守义年龄与其女相仿、气质出众且勤快,便招其为女婿;顺臣见符氏情真意切,留下守义带着次子便离开,又走了一天,到达石堤处停留,在此处定居。从此,守义长居大井,并在大井开始了彭氏族人的发展成长之路。

大井彭氏,有著名的彭氏八勇。八勇之冠彭勇行(1835—1895年),字果廷,清同治年间贡生,后中进士。曾讲学于永顺、保靖、花垣等处,湘鄂黔之士,纷来门下请业。诗文悲壮沉雄,淋漓尽致。著作有保靖彭氏宗谱、《笃庆堂古文辞》2卷、《古近体诗》2卷、《骈体文》1卷、制艺试帖若干卷等,皆散失,现零星见于一些转相抄录的本子,存七律5首、七绝8首、五古1首、七古2首,竹枝词41首。手迹现在不二门园林古池留有"洗心"二字。代表作:《竹枝词》《洗心池》等。其弟勇功也是八勇之一,曾作竹枝词50首,其《土家族婚嫁歌》被列为湖南省第三批国家级非物质文化遗产名录之二十五:"养侬长大又陪妆,养女由来也自伤。最是哭声听不得,一声宝宝一声娘。听说人家嫁女娘,邀呼同伴暗商量。三三五五团团哭,你一场来我一场。侬今上轿哭声哀,父母深情丢不开……"代表作《无题》:"官厅堡上人如潮,雪花又伴歌声飘;村姑摆手口吹管,后生实姐身椤草。"

彭氏族人人才辈出,几乎每一代人都有能人,彭施涤(1871—1947

年)是大井彭氏近现代的重要人物。彭施涤,字煌荃,永顺大井人,光绪丁酉年举人,民国国会议员及湖南省政府委员,湖南大学创始人,中国近代民主革命家和教育家。1897年中举人,先后参加"公车上书""戊戌变法",1903年留学日本,1905年加入孙中山、黄兴领导的"中国同盟会";1906年在上海创办"中国公学",任董事兼学监。是年,上海公学26名革命师生被通缉,秋瑾等23人被捕遇害,仅其3人幸免;1913年当选为国会议员入驻北平;1928年,其与杨度等人多方设法营救被张作霖逮捕的包括李大钊在内的20位革命志士,未果。后出资收殓安葬湘西籍烈士邓文辉、姚彦,将姚的遗孀胡宝仙及幼子藏匿寓所,并资助母子回保靖故里。彭施涤倾心中国教育事业。1902年协助常德太守朱其懿创办"湖南公立西路师范学堂";因反袁世凯独裁、反曹锟贿选而回湘后,1915年被派任为桃源省二女师校长;1921年,其与湘各界先后创办长沙兑泽中学、大麓中学,常德沅澧中学,兼任董事或董事长;1926年创办湖南大学,并将学校从市内迁址于岳麓山下。1947年3月,因病逝于灵溪镇家中,时年77岁。彭施涤一生致力于振兴中国教育事业,时称湖南教育界的"四老前辈"之一。吴玉章、胡适、朱经农、林伯渠、黎锦熙、陈伯平、但懋辛、熊克武、黄世衡、杨作新、唐瑛、蒋介石、任叔永、蒋明武、滕代远、粟裕、辛树帜、李烛尘、彭衍图、何祖辉、曾运乾等名人均出于门下。中国同盟会员、上海《申报》总编、北大教授、湖南大学文学院院长、孙中山《建国总纲》的编撰者瞿苏楼先生,为其赠送的一副对联"一生大节凌衡岳,万丈青光照洞庭",是对其光辉一生的最好写照。彭氏施辈施铎,在全国范围内虽不及彭施涤有名气,但在本地却具有极高威望,被赞为施辈之冠。彭施铎,字雪椒,清光绪恩贡。其诗文浓艳富丽,雅近六朝,著有《味娴山房骈体文》2卷、《古近体诗》16卷、《制艺试帖》及《风土志日》若干卷,现存七律1首,竹枝词12首。其经典传世之作如描绘永顺八百年土司居住地老司城有:福石城中锦作窝,土王宫畔水生波。红灯万盏人千叠,一片缠绵摆手歌。

秀字辈同样出现了一批优秀的各界人物,其中彭秀模(1921—2021)是当代中国著名民族语言学家,1948年毕业于中央大学中国语言文学系;曾在湖南省立第八师范学校、保靖县中学任教;1956年以后,任湖南师范学院中文系讲师,吉首大学中文系讲师、副教授,湘西土家族苗族自治州人民代表大会常务委员,政协湖南省委员会委员,中国人民政治协商会议第六届全国委员会常务委员。1985年加入中国共产党。著有《土家语概况》《土家语拼音方案》《湖南人怎样学习普通话》等书籍。其弟彭秀枢(1927—2002)是当代土家族文化推崇者,吉首大学中文系副教授,在为土家族正名、土家族历史研究、土家族文化传承等方面做出了卓越贡献。著有《土家族历史沿革》《土家族源新议》《土家族历史讨论会》等。

### (二)田心桃

田心桃,女,土家族,湖南省湘西土家族苗族自治州永顺县大井村人,1950年参加国庆观礼期间向中央领导提出自己是"土家人",为1957年新中国确定土家族为单一的少数民族做出了积极贡献。

1950年前后,湘西依然是湘西苗族自治州,而非湘西土家族苗族自治州。国庆节,周恩来总理盛情接见进京参观的各地少数民族代表,其中一位来自湖南永顺的少数民族代表田心桃向总理提出了自己的另一个少数民族身份意向——土家族,表明自己是与苗族不一样的一个少数民族群体,这也是中央领导第一次听到关于土家族的故事。此后,国家成立专门民族鉴定小组,由著名民族学家、社会学家潘光旦先生牵头,开始对土家族的鉴定工作,后来通过对土家族语言习惯、巴人的历史渊源等几个方面的探索,耗费将近六年的时间,发现土家族是一个不同于苗族的少数民族群体,并于1957年完成了关于土家族的定名确认工作。2019年11月5日凌晨4时,田心桃因病医治无效与世长辞,享年92岁。

(本章由田琳、唐赟撰写)

# 第十一章　芷州村

芷州村位于永顺县西南部,距离永顺县城约37公里。该村落地处猛洞河与酉水河交汇处的山坡谷地,经酉水河可直达芙蓉镇码头。东接列夕村,南邻古丈红石林,西与泽那村交接,是传统的土家族自然村落,民族文化氛围浓厚、民风淳朴。芷州村原隶属永顺县列夕乡,行政区规划调整后隶属芙蓉镇。2016年11月,芷州村被列入第四批中国传统村落名录。

# 第十一章
## 芷州村

## 一、村落概况

### (一) 地理生态环境

芷州村位于群山之间的山坡地带，绿树簇拥。三山之间冲积平地则为该村的重要农作区。芷州村扼守古道交通咽喉，酉水河与猛洞河则在村庄东南交汇，与列夕、南渭古码头临近。而湘西酉水河是湘、鄂、川、黔等地通商和军事的重要通道。此外，古村落只有东西两条道路可通行，易守难攻，具有极为重要的战略地位，为地方兵家必争之地。

### (二) 村落来源

明清时期推行"土司制度"，永顺土司下辖地区俗称"三州六洞"，即三土知州（南渭州、上溪州、施溶州）与六长官司（腊惹洞长官司、驴迟洞长官司、施溶洞长官司、麦着黄洞长官司、白岩洞长官司、田家洞长官司）。原芷州村则属于三州之一的南渭州。据《永顺宣慰司志卷二》记载，南渭州为古蛮夷地，秦属黔中，汉属武陵，唐为富州，五季为静边都大乡、三亭、陇西等地，宋为中溪州，元因之，先是新添葛蛮安抚司，至明洪武三年（1370年）内附，改陞南渭州，属永顺宣慰司。明洪武三年，彭万金偕子金胜随永顺总司内附，改升南渭州知州。南渭州知州衙署一直处于反复重建或迁徙之中，目前能断定的南渭州衙署地至少有衙门坪、保靖右营、卡坝坪、芷州4处，此地便是其中一处州衙署——"知州府"。修建土司城堡营葺驻寨要塞，并兴修石板官道驿站，守护具有重要的军事战略意义，向来为永顺南方的荫蔽及进入永顺土司城管辖腹地的南大门。而后在传世中，随着语言的渐渐演化，"知州"变为"芷洲"或"芷州"，成为今天的芷州村。土司知州府建立后，彭姓子孙寻求庇护迁居至此，形成了一个小型聚落。故时至今日，彭姓是该村的第一大姓。村中也有李姓、田姓。

## （三）村落人口

芷州村是传统村落，多民族和谐共生，充满浓厚的民族文化氛围和淳朴的民风。根据2019年的调查数据显示，全村共有95户386人，其中土家族占主体共计367人，苗族有11人，汉族有8人。彭姓是村中的主要姓氏，其次是李姓和田姓。据村中的老人介绍，清同治年间，芷州村的村民和一位李姓男子结婚，现在村中的李姓村民已有60多人。

## （四）经济社会发展状况

面对不断发展的时代大潮，每一位芷州村的村民必须做出抉择，为自己寻求更好的生存与发展的机遇。当然有的人选择了坚守，生活在这片他们热爱的传统的土地上。有的人则选择了更好的发展机遇，毅然地走向了外面的世界。

芷州村的主要经济作物有烟草、油菜，玉米、水稻则为主要粮食作物。其中又以种植烟草为主要产业。村民各户种植面积不等，有三五十亩，也有十多亩。烟草公司为农户提供技术支持，指导其进行烟草种植和加工，运用现代化的温度、湿度检测器将烤烟炉内的温度、湿度控制在一定的范围内，从而保证烤烟有更高的品质。烟草种植的收入能够达到每亩两三千元，现在已成为当地村民重要的收入来源。而作为粮食作物的水稻，由于该村水资源匮乏，难以种植，水稻种植面积日渐减少，转向种植较为耐旱的玉米。此外，2020年，该村落开始发展莓茶产业，在村落腹地的上方新建了

烟草地（姚林 摄）

一个莓茶合作社,里面的晾茶、炒茶的设备已经安装到位。在莓茶合作社不远处种植了大片的莓茶树,由于种植时间不长莓茶树只有约半米高。

该村的土特产有中草药,多数失去劳动能力的老人即便无法下田种地,也会上山采药,晒干后卖出以补贴家用。部分村民还会种植中草药。另外,该村还盛产桐油,桐油不仅能够用于土家族传统木质民居防潮防蛀,而且是该地的重要贸易商品,是村以南一公里的酉水河上重要的货物。

村民收获油菜(袁立新 摄)

## 二、文化遗产

芷州村地界巴山楚水,风光灵秀,人杰地灵,民风淳朴,村民热情好客。此处有着深厚的文化底蕴。

### (一)物质文化遗产

#### 1. 土司知州衙署遗址

土司知州衙署遗址是芷州村有别于其他传统村落的主要特色。因战争的威胁和毁灭性的破坏,目前土司知州衙署破坏严重,仅有部分的历史遗存。知州衙署遗址在芷州村内一处缓坡上,坐西朝东,位于村落的中心地带。知州衙署原貌为阶梯式的四进院落,昨日的辉煌已经不再,只留下

土司衙署遗址（雷秋萍 摄）

土司衙署重修碑文（袁立新 摄）

建筑的地基和石阶。

进入衙署，台阶处右侧墙上保留了雍正四年（1726年）的一块石刻，为整修衙署时的记事碑。衙署大门石墙上的文字指出修缮衙署的目的是"备邻邦寇之不虞"，由此可见衙署保留了两处，以备应不时之需。知州衙署门前十字形石板阶梯均由红石林红石所筑。当地村民说在20余年前，知州府门前台阶上还立有由岩石打造的石牌坊，但现如今只剩下石牌坊的地基。跨过石牌坊遗址的门槛，沿着台阶而上的第一级平台的左右两侧便是原先的养马棚，现在能够找到左右不成对的养马石槽。

走过这十字形红石板道便直达顶台衙署正屋。现存正屋属古代土家族建筑风格，五柱八旗九排八间的木结构平房，进深二丈八尺，高一丈六尺，宽十丈。整个建筑古朴而沉稳，柱子基础为红色岩石打造的鼓状墩石。块状岩石作为地基，地上部分则是纯木结构，采用榫卯结构而不使用一颗铁钉。这体现出土家族人就地取材、善于创造的智慧。正门的正上方留有挂牌匾的位置和装置，只是现在牌匾已经不复存在。房屋梁柱、挑枋、斗拱均是优质的楠木、梓木、马桑树。屋基、砌墙、铺路全是青条石、红砂石，有老司城建筑用材的影子，唯独缺少的是河卵石。

转过衙署正屋,其后本应还有一进院落,但现在也只剩那院落的天井遗址,与居民房屋构架相连接。知州衙署虽为文物遗迹,但当地村民保护文物遗迹意识不强,正屋内还有人居住生活,但从另一方面来看,这样与历史同存,将现代生活与历史连接,也未尝不是一件好事。衙署右侧有一地牢,当地居民称其为"渣木坑(坎)",但地牢上部建筑已经损毁,只见一些残损屋架歪斜倾倒。地牢门狭窄仅容一人进出,进入后的空间不大,长宽约为8米、4米。地牢的屋顶与衙署正屋的地面齐平,此举可能是古人一则有助于制造犯人"低人一等"的想象,二则防止犯人越狱。地牢四周则用山石修建而成。

鼓状墩石(姚林 摄)

土司衙署监狱遗址(袁立新 摄)

除了红石台阶、衙署正屋、后院天井遗迹外,知州衙署还在周边设有兵马驻槽、练兵场(居民称其为"马道司")、关押犯人的"渣木坑/坎"、埋葬死囚的"渣坟塘"、油坊、私塾等建筑。衙署区、仓储区、作坊区、祭祀区、避火区、墓葬区俱全,并建有排水防火防灾系统,是展示土家族等少数民族生存发展史最具典型特色的传统文化经典。知州衙署周围曾有一奇怪现象,即衙署原有围墙(现已毁坏,遗址不存),所围范围以内,即便盛夏,蚊虫不生。有传说是因衙署周围有王气,笼罩了整个衙署,使蚊虫邪佞不敢入内。但现如今看来,应当是与衙署建筑所用材料——楠木有关。衙署木屋有用到当地包括楠木在内的多种木材,其中木柱则只使用楠木和梓木。

此外,土司衙署南侧设有侧门,该门面朝南方的青龙山。由石头拼接而成的侧门已经被拆毁,分为不同部件被多户村民占用。总体而言,土司衙署毁坏得较为严重,只有些地基遗迹可循。

### 2. 土家族木屋

芷州村现存大量明清时代的建筑群和中华人民共和国成立初期的土家族民居。湘西土家族的传统民居非常具有特色,作为湖湘文化的重要物质载体,融自然山水传统道德伦理秩序,民风民俗,建筑特色于一体,积淀着厚重的历史文化内涵,是民族文化的重要组成部分。

芷州村虽为土家族少数民族聚居村,但该村的土家族传统民居多以三间的一层民居为主。土家族建造的主流木质瓦房架构是:三开间,三柱四挂、三柱六挂、五柱四挂、五柱六挂、五柱八挂穿斗拱梁式。大多数土家族民居依照地势朝向,在正屋的或左或右,建有供女儿、外姓异族亲朋居住的厢房,俗称"转角楼"或者"吊脚楼"。该村的土家族传统民居与别地最大的不同是——不吊脚。据说,吊脚楼的"吊"与上吊的"吊"同音同字,作为土司衙署所在地,当地人觉得不吉利。另有说法是,芷州村地区房屋多坐西朝东,而在该地区正东方有一座大金山(又名笔架山)主后代子孙运势,如起楼太高则容易压制气势;底部架空,地基也会不牢,同时寓意做人应当脚踏实地,稳当为先。故芷州村的所有民居均不吊脚。村落内的土家族民居均为一层,两层的房屋均为近年所新建的砖房。多数建筑虽然保留了一般吊脚楼建筑的"一"字形,但"L"形、三合水式、四合水式的格局建筑在芷州村并不常见。

当地民居建筑依山就势而建,呈现出"群山环抱、村组散居"的基本特点。建筑与建筑之间又相互错落,多以小路、土坡、田地、水地等连接,掩映于林中,融楼舍于自然,借竹林造景观,更显景色优美、民风淳朴。民居多为坡面屋,方门窗,木墙青瓦顶。建筑虽然没有起吊,但仍然保留了吊脚楼的传统技艺及土司文化形成地域特色文化的符号元素,比如土家吊脚楼常用的建筑材料:梓木、柏木、杉木,又如其所采用的圆木穿斗构架、刨板装屋、青瓦屋面,又辅以青石台基、筑石围墙,既可保持通风干燥,又能防毒蛇、野兽。还有建筑细部的构建以及装饰:木栏扶手、走马转角、屋脊正中心用瓦堆成的"山"字形成花心、屋脊两端为形似喜鹊的翘角,还有土家族吊脚楼传统的柱式、窗花、吊柱、木雕、石雕等。随着物质生活条件的改善,部分村民会选择修缮木质的祖宅,也有村民在古宅旁新建钢筋混凝土结构的现代建筑。这使得村落内木质结构民居的比例有所下降。

进入正门以后是堂屋,堂屋中堂正中间写着"天地国(君)亲师",充分地表现土家族对天地的感恩、对君师的尊重、对长辈的怀念之情。旁边则是祖先的牌位,用于缅怀先辈。客厅左右两边的侧室一般用作卧室和厨房。传统的土家族厨房是地火塘,地火塘在当地生活中被视为神秘、庄严的一个区域:平时家庭围坐地火塘时极其讲究,正对最左侧的位置只允许长辈坐下,不得随意跨过地火塘等。地火塘后还常常开一间狭小的房间,名为"火房",专为老人居住所用。芷州村过赶年时,家家户户添柴加薪,特别是在地火塘里燃烧大木柴、树蔸,一家人团团围坐,话家常,谈明年,有时有亲朋来串门,烤旺火、畅谈来年发展。这些旺火既可以驱寒取暖,也寓意来年吉祥如意、发家致富、万事如意、心想事成,年年兴旺发达,生活蒸蒸日上!地火塘上面有用于挂制腊肉的钉子,日常的炊烟则可以熏制腊肉。腊肉周遭的黑灰有利于腊肉的保存和防腐,食用之前则需将这层黑灰擦除。据村民介绍,过春节的时候每家每户都会制作几百斤的腊肉,能够吃到来年的七八月份。多户村民家中有用于制作糯米糍粑的石槽。近年生活物质条件改善,该村村民在原先泥土地面的上方加装一层木板,起到防潮的作用。在村中,有一部分历史较为久远的民居遵循传统,会将邻近后门的房间圈养猪、牛、鸡、鸭等作为牲畜间。

### 3. 古堰塘

芷州村位于猛洞河与酉水河交汇处,是喀斯特地貌,多溶洞。走访发现溶洞内空间巨大,并且多个溶洞通过狭窄的通道相连。芷州村属亚热带季风性湿润气候,雨热同期,降水丰沛,但该村属于典型的岩溶干旱地形。村寨中心有大小不一的四口古堰塘,有防护栏、防渗堤等保护措施。水域面积为27.72公顷,占村域总用地的2.04%。古堰塘的功能以防涝防旱为主,辅以解决防火防灾之急。故,此地有"山管丁,水管财"之风水一说。虽然古堰塘不仅有泄洪闸、溢洪道等排灌系统,今天仍可以在丰水季节储蓄雨水,以备旱时之需,但是水质浑浊无法作为居民生活用水。该村土质为红土,雨水下渗现象极为严重。2020年夏季雨水充沛,古堰塘所储存的水依然较少,而且地表水浑浊根本无法饮用。

### 4. 古井

芷州村地处山区,地下水开采困难,诸多因素导致该村较为缺水。村民的生活用水则是来自位于村中心位置的一口古井,用山石堆砌,井口为圆形,水深约1.5米,上盖大块青石板,水质较好,是村民及牲畜用水、饮水的重要水源点。

古井(袁立新 摄)

### 5. 古官道驿站

芷州村存有古官道驿站遗址。芷州村列夕老码头、三百峒古码头,分别保存有青、红石板路,沿途依据山道大小不一,摆放不规则。由于年久失修,有相当一部分已经破损残缺,被现有泥土或水泥道路覆盖。尤为突出的是,相当一部分是依据原有的石灰岩,就地取材,就地打磨形成,未损毁的则体现大气、简朴,可见当年的繁华。

## （二）非物质文化遗产

处在交通要道上的芷州村的土家族村民与外界汉文化交流较多,双方在多种习俗上已经有共通之处,例如端午节吃粽子、赛龙舟(在酉水河上)。然而芷州村依然保留着诸多的土家族节庆丧葬习俗、舞蹈等土家族文化要素。

### 1. 跳丧舞

芷州村的丧葬仪式会跳丧舞,又叫跳撒尔嗬、跳丧鼓,是土家族古老的丧葬仪式。据有关史料记载:家有亲丧,乡邻来吊,至夜不去,曰伴亡。于柩旁击鼓,唱俚歌哀词。这种祭祀歌舞,在古代巴人之后裔土家族的聚居区,世代沿袭,千古不绝。无论哪家老人去世,村民们闻讯而至,通宵达旦。这叫作"人死众家丧,一打丧鼓二帮忙""打不起豆腐送不起情,跳一夜丧鼓陪亡人"。在死者面前高歌狂舞,是土家族人祭奠亡人、安慰生者的一种特殊方式,同时也是土家族人对死亡的一种特殊理解。

跳丧舞的歌词内容十分丰富,有颂赞土家先民开疆拓土、回忆土家族跳丧舞历史的,有反映先民图腾崇拜、渔猎活动、农事生产、爱情生活的,还有歌唱死者生平事迹的,等等。

土家族人家中的长者去世后,一般装殓入棺后在堂屋里停放1~3天,每晚都有亲朋好友前来跳丧。跳丧时1人击牛皮鼓叫歌,跳者围棺接歌而起,脚跟鼓点鼓跟脚,无弦乐伴奏,跳者2~4人比较普遍,但女人不跳丧。击鼓者领唱,对舞者和,均为高腔俚调,边唱边舞。舞者头、肩、腰、臂、腿、脚尖、脚跟一齐动作,跳着变幻多姿的舞步,唱着古老、粗犷、格调明快而独具民族特色和浓郁山乡气息的曲调,热热闹闹陪亡人,欢欢喜喜办丧事。

### 2. 摆手舞

摆手舞是土家族古老的传统舞蹈,主要流传在鄂、湘、渝、黔交界的酉水河和乌江流域。它集舞蹈艺术与体育健身于一体,反映土家族人的生产生活,如狩猎舞表现狩猎活动和模拟禽兽活动姿态,包括"赶猴子""拖野鸡尾巴""犀牛望月""磨鹰闪翅""跳蛤蟆"等十多个动作;农事舞主要表现土家族人的农事活动,有"挖土""撒种""纺棉花""砍火渣""烧灰积肥""织布""挽麻蛇""插秧""种苞谷"等;生活舞主要有"扫地""打蚊子""打粑粑""水牛打架""抖虼蚤""比脚""擦背"等十多种。以前还有军前舞和酒会舞,现其动作已经失传。

芷州村里的传统舞蹈就是土家摆手舞。土家族最富民族特色的节日是年节,节日中最富民族特色的歌舞是"舍巴日",也就是摆手舞。它是土家族祭祀祈祷的一种活动,一般在年节举行,并发展为祭祀、祈祷、歌舞、社交、体育竞赛、物资交流等综合性的民俗活动。"摆手"有大小之分。每隔三五年举行一次的叫"大摆手"。"大摆手"规模大、套数多、时间长,历时七八天,与集市贸易、文艺体育活动一起,在"摆手堂"前举行。"摆手堂"在土王祠。"小摆手"规模小,套数少,一般是1~3天,多在本氏族祠堂举行。土家族人在摆手活动中,追忆祖先创业的艰辛,缅怀祖先的功绩,展示土家先民的生活场景,整个活动都有着浓厚的祖先崇拜痕迹。

大摆手最初用以敬吴氏先祖吴著冲,即湘西最早的土司王;小摆手用以祭祀彭氏家族。在摆手堂中所立三尊像,第一尊像即为彭氏土司,左边和右边分别是向老官人和田好汉(田大将),向老官人即为土司军师,田好汉则是一名将军,两人为彭氏土司的左膀右臂。而在三尊像后还供奉着最早的土家族土司吴著冲。

## 三、自然资源

芷州村位于猛洞河与西水河交汇之处的崇山峻岭间,周边群山莽莽。得益于良好的气候条件,村内空气清新,冬无严寒,夏无酷暑,居住条件适宜。村中矗立着众多传统建筑,与古树、翠竹、田野、山石等相互交融,形成了一幅幅美丽的山水画卷。此外,芷州村还拥有丰富的天然溶洞景观,山中遍布天坑溶洞,其中一些溶洞通过狭窄的通道相连。

芷州村属于亚热带季风性温润气候,雨量充沛,为植物生长提供了良好的自然条件。村内植被茂密,主要有杉木、楠木、柏木、桐木等树种,还有许多树龄超过两百年的古楠木、古黄棱木、古柞木等古树。村中动植物种类繁多,常有野猪、麂子、猕猴、锦鸡等动物出没,展示了人与自然和谐相处的典范。此外,芷州村盛产桐油,不仅用于土家族传统木质民居的防潮防蛀,还是村中重要的贸易商品。

(本章由姚林撰写)

# 第十二章　伍伦村

伍伦村隶属永顺县厅民乡,地处湘西土家族苗族自治州北部,距离县城80公里,至S305省道20公里。村落位于武陵山脉中段,隐蔽于湘西大山的深处,散布于崇山峻岭的山谷坡地,毗邻素有天下第一漂美誉的猛洞河畔,是一个环境秀美、历史悠久、民族文化深厚的土家族传统村落。2016年11月,伍伦村被列入第四批中国传统村落名录。

# 第十二章
## 伍伦村

## 一、村落概况

### (一) 地理生态环境

#### 1. 地理环境

伍伦村位于万民乡西部,毗邻素有"天下第一漂"美誉的猛洞河。该村环境优美,四面环山,村寨俨然,一条清幽的伍伦河穿寨而过,红豆杉、珍稀楠木奇妙架构,掩映于古色古香的古民居周围。2016年,以伍伦村为核心的万民乡省级自然保护区通过湖南省专家评审,与隔河相望的湘西州龙山县印家寨自然保护区遥相呼应,陈列出一种错落有致的设计,阐释着土家山寨伍伦村的密码。伍伦村至龙吉高速首车出入口60公里,需2小时到达,至永顺县城80公里,需3小时到达。距离万坪乡13公里,是万民乡距离乡政府驻地最远的村落。

伍伦村全景(袁立新 摄)

伍伦村地处湘西土家族苗族自治州北部,分别与西库、农林、龙山县田家村和猛必乡交界,位于武陵山脉中段,地处云贵高原东北侧与鄂西山地西南端之接合部。武陵山脉由东北向西南斜贯全境,地势东南低、西北高,属中国由西向东逐步降低第二阶梯之东缘。武陵山脉自西向东蜿蜒境内,系云贵高原东缘武陵山脉东北部,西倚云贵高原,北邻鄂西山地,东南以雪峰山为屏。地貌形态的总体轮廓主要是以山原山地为主,也布有丘陵和小平原,类似于西北突出的弧形山区地貌。该村遍布着湘西州境主要的河流水系,南有沅江干流过境,酉水干流、武水干流横穿东西。花垣西乡河的上中游段由南向北经茶峒入境,地貌起伏大,重峦叠嶂,溪谷纵横,有着中国南方最奇特最典型的山区地貌之一的喀斯特地貌。

### 2. 生态环境

全村25.59平方公里,其中耕地面积980亩,生态林5200亩。该村与龙山县、盐井乡交界,毗邻猛洞河上游,属山地地貌。其海拔为439~752米,属亚热带季风性湿润气候,垂直差异悬殊,立体气候特征明显,小气候效应显著。村落多年平均气温在14.2~16.4℃,全年四季分明,无霜期长,日差较大。年内最高的7月平均气温25.1~27.3℃,年内最低的1月平均气温2.5~4.8℃,无霜期为270~290天,年平均日照时数1306小时。年降水量1365.9毫米,雨量丰沛,但时空分布不均,干湿季明显。

村落四面环山,坐落在管龙山下山谷平原地带,村寨沿通组公路两边而建,延绵2公里。伍伦河从村寨中间流过,另有一条源自后山的袁场坪沟绕寨边而过,村寨与耕地交错夹杂,成簇状临沟河依山就势逐级抬升。也就是这样幽清秀丽的自然生态滋养了当地一代又一代的土家族人,养育了伍伦这一方水土。

## (二) 村落来源

### 1. 缘起

明朝时期,陆续有大户人家为了躲避水患,沿水路逃难迁户于此,并在此定居。所以该村的姓氏比较杂,其中以刘姓为大姓。而"伍伦村"这一村名的由来则是源于其人对于后代子孙的殷切期望,"伍伦"的内涵即忠、孝、悌、忍、善,希望子孙能牢记并以这五伦修身养性。最先来到这个村子的是吴姓人家,其主人在朝为官,忠心耿耿。后来清兵入关,吴姓因反清复明,躲避追杀,从江西迁至湖北省荆州再到大庸县(今张家界)忠湖乡桥头村,一路颠沛流离,于是族人商定,再次迁居到伍伦村。来到伍伦村后,吴姓人家带领族群开垦农田,兴修水利,发展家畜。农耕劳作中,还不忘反清复明大业,在现今的矿龙山下居住的后山,隐蔽操练士兵。随着时间推移,日子渐渐红火起来,几十年的光景,人口从百余人增至千余人,村民们勤勤恳恳,井然有序,各行各业发展都比较快。在"楠木枯"开设了"染铺",石子路也铺设至各家各户,并且在坝中修建了全族人的粮库,占地4余亩,以防天灾人祸,保障日后生活。

### 2. 发展

随着时间的推移,吴姓的后代子孙分权为"前山大王"和"后山大王"。"前山大王"掌管兵马,"后山大王"掌控后勤保障,相互协作。当时还有一个延续风俗,那就是每年大年三十的时候,吴姓没有放鞭炮,其他姓氏不能先放,予以表示敬重先人。后来外地一聂姓来到伍伦的上游定居,吴姓得知后为了避免发生争端,和谐相处,两姓以原伍伦两边的小溪为界,小溪上游为聂姓管理耕种,下游则为吴姓掌管。由于人口快速增长,导致土地耕种不对称,生活自给出现了困难。吴姓族人便分两次迁往广西,共一千余人,只有少数人留守至今。据族内后人相传,吴姓把盐井坡山比作鸡身,庙山比作鸡头,李家坡比作鸡尾,说是鸡头吃伍伦,富李家。于是,老辈人在庙山(鸡头)上修建了一座寺庙,寓意将鸡头压住。只是后来,吴姓还是走向了衰落。到了清后期,外来人口刘姓人家搬迁到这里,勤俭持家,开垦荒地,大买土地,规划有序,渐渐地兴旺发达。至今村内保有刘氏祠堂残址和碑石、刘家祖屋和袁场坪大屋等清代建筑,村民传统木质建筑集中分布,这些留存历史痕迹的传统木质建筑,虽经历史的烟熏火燎,但仍能从整体的构件中,依稀感受到当年村子的富足充裕和繁荣景象。寨内古木参天,传统村民保留完整,旧时标语众多,良田广布,传统农耕文化气息浓厚。

传统木质建筑(袁立新 摄)

### 3. 现状

如今这个寨子,已发展到300多户,1000余人,姓氏比较杂,主要有田、刘、杜、秦、汪、向等11姓人家。村民均从江西省乃至湖南沅陵等各地陆续迁来,至今全村辖6个村小组,38姓人家。伍伦从历史几户姓氏人家,演变成多姓人家在这里和谐相处,休戚与共,成为最具代表的多姓融合"大家庭",想必是延续了祖训:忠、孝、悌、忍、善,这也正体现了"伍伦"美德之所在。

## (三)村落人口

伍伦村内的土家族人口占80%以上,具有鲜明的土家特色及浓厚的民族活动氛围。经统计,截至2018年,伍伦村人口共计1475人,6个村民小组,368户,居住在传统建筑的居民约有1000人,均为伍伦村的常住人口。其中,伍伦村有劳动能力的人数为786人,外出务工432人,留住在村内的多为老人、儿童。

## (四)物产与特色产业

伍伦村的产业主要是种植业和养殖业,其中多种植水稻、玉米。现有水稻655亩,玉米325亩。种植水果以黄桃、白皮柚居多;养殖业以湘西黑猪、山羊、蜜蜂为主;茶油、花生则为伍伦村的主要经济作物。村内设有5处零售商店,分布在一、二、三、四、五组。

村民晾晒谷物(袁立新 摄)

水稻地(唐爱玲 摄)　　玉米地(唐爱玲 摄)

早年间,伍伦村的产业结构有待发展。首先,产业形式单一。村庄产业结构松散,没有形成一定的规模,缺乏有竞争力的循环经济,各类产业之间缺乏联系与合作导致村民的产业收入较低。因此，外出务工的村民人数较多，劳动力外流，从而引发留守儿童、空巢老人增多，缺乏青壮年劳动力。其次，与经济发展相关的配套设施还存在一定的问题。比如缺乏污水处理设施，对环境有一定影响；现有道路系统不完善，部分村组交通较为不便；现有的机器耕道无法满足农业需求。此外，伍伦村的旅游开发比较低端，缺乏一定的营销宣传手段与途径。伍伦村旅游行业的从业人员基本上都是当地农民，既没有专业背景和从业经验，也没有接受过相关的职业教育培训，缺乏经营管理能力。旅游服务意识和服务水平低下，加上村庄缺乏支撑旅游的服务设施，面向游客的服务中心、集散广场、餐饮住宿等设施基本没有，成为当地旅游业发展的桎梏。旅游产品以土特产为主，除了湘西黑猪、山羊、蜂蜜外，种类较少，无法满足多数游客需求。传统村落旅游开发项目，多集中于一般化的"农家乐"模式，无法体现自身优势。所以传统村落的旅游虽然已倡导发展多年，但伍伦村经营户的自我销售意识不强，村中既没有属于自己的预定和销售系统，也没有充分利用互联网的宣传平台，更没有发挥传统村落旅游的整体发展优势。

## （五）经济社会发展状况

2014年以来，在万民乡党委、政府的坚强领导及永顺县人大常委会机关的强力帮扶下，勤劳善良的伍伦村村民响应党和国家号召，激发内生动力，开启了精准脱贫之旅。为了抓好脱贫攻坚工作，万民乡党委、政府和县驻点扶贫工作队多次研究部署，抽出了精干力量组成脱贫攻坚工作组，科学制订了伍伦村产业扶贫三年行动计划、年度实施方案，协调组织发动改进交通、农业、水利、电力、畜牧等部门，精准"把脉"致贫原因，并按照"技术专家与扶贫队伍相结合、短效产业与长效产业相结合、村集体增收与贫困户增收相结合"的原则，为伍伦村量身定制了产业发展规划，帮助贫困群众找准脱贫良方。最终，在大家的携手共同努力下伍伦村于2017年顺利摘掉了贫困的帽子，实现了贫困群众全体脱贫的既定目标。

迄今为止,伍伦村先后安装了自来水管道5000米,新修蓄水池4个,实施农网改造16公里,安装路灯120盏,让村民用上了"安全电""放心电"。修通并硬化伍伦村通组公路6.6公里,解决了该村250多人的行路难问题。基础设施建设的全面完善,坚持以产业支撑拔掉了贫穷根本,按照"资金跟着穷人走,穷人跟着能人走,能人跟着产业走,产业跟着市场走"的原则,着力打造"一村一品"特色产业。投入产业发展资金50多万元,重点发展黄桃、白柚、黑猪、黄牛等一批特色产业,切实增加了贫困群众收入,促进了农业产业发展。同时,全村围绕劳务输出为工作重点,组织外出务工432人,实现了人均收入达到5000余元,劳务收入6000多万元。

## 二、文化遗产

伍伦村依山傍水就势而建,三面群山环抱,伍伦河穿寨而过,建筑由中间农田向周边山体排开,远远望去,檐廊衔接,起伏绵延,是万马归朝群山走势最集中的地方。村里的吊脚楼建筑朝向并不严格遵循"坐北朝南",而是随山势地形随机而定,重峦叠嶂,山峰如簇,与周围环境极为协调。全是单家独院又整体呼应的单层干栏式建筑,建筑沿山体逐层向上,门关雕花,条石铺路,檐廊衔接。房屋建筑风格极为一致,每一个院落,屋内都有堂屋、厢房,在山体农田的映衬下显得幽静而恬美。

### (一)物质文化遗产

至今伍伦村内除了大量极具土家特色的吊脚楼外,还保留着大量清代、民国时期的建筑,包括刘氏祠堂残址和碑铭、刘家祖屋、刘家四合院、刘树成四合院和袁场坪大屋等清代建筑以及两处古风雨桥和大量的石墩、古桌、古凳、摇床、古牙床等民国时期的产物。

## 1. 吊脚楼

吊脚楼，也称为"吊楼"，是土家族的传统民居。吊脚楼呈虎坐形，以"左青龙，右白虎，前朱雀，后玄武"为最佳屋场。按朝向来说的话，以坐西向东或坐东向西为最宜。吊脚楼是干栏式的建筑，但与一般所指的干栏又有所区别，吊脚楼最基本的特点是：正屋建在实地上，后房三边皆悬空，一边靠在实地，在实地上和正房相连，而干栏建筑则应该全部都是悬空的。故吊脚楼又称为半干栏式建筑。依山的吊脚楼，在平地上用木柱撑起分上下两层，节约土地，造价较廉，上层通风、干燥防潮，作为居室；下层关牲口或用来堆放杂物。

传统民居（袁立新　摄）

房屋规模一般人家为一栋四排扇三间屋或六排扇五间屋，中等人家五柱二骑、五柱四骑，大户人家则七柱四骑、四合天井大院。其中四排扇三间屋结构者，中间为堂屋，左右两边称为饶间，作居住、做饭之用。饶间以中柱为界分为两半，前面作火塘屋，后面作卧室。吊脚楼上有绕楼的曲廊，曲廊还配有栏杆。

有的吊脚楼为三层建筑，除了屋顶盖瓦以外，上上下下全部用杉木建造。屋柱用大杉木凿眼，柱与柱之间用大小不一的杉木斜穿直套连在一起，尽管不用一个铁钉也十分坚固。房子四周还有吊楼，楼檐翘角上翻如展翼欲飞。房子四壁用杉木板开槽密镶，讲究的人家里里外外都涂上桐油，又干净又亮堂。底层不宜住人，是用来饲养家禽，放置农具和重物的。第二层是饮食起居的地方，内设卧室，外人一般都不入内。卧室的外面是堂屋，堂屋设有火塘，一家人围着火塘吃饭，格外宽敞方便。由于有窗，所以室内环境明亮，光线充足通风也好，

四合天井大院内景（袁立新　摄）

吊脚楼一角（唐爱玲　摄）

家人多在此做手工活和休息，也是接待客人的地方。堂屋的另一侧有一道与其相连的宽敞走廊，廊外设有半人高的栏杆，内有一大排长凳，家人常居于此休息，节日期间妈妈也是在此打扮女儿。第三层透风干燥，十分宽敞，除作居室外，还隔出小间用作储粮和存物。

### 2. 清代建筑

刘家祖屋修建于清末，修有朝门，朝门横梁描有"富贵双全"图案及文字，房屋主体一正二厢，悬山穿斗式木结构。正屋和左右厢房都为四排三间，木柱硕大沉稳、青石柱础，三柱四骑，单挑，松木装板，左厢房板壁绘有五星图案，天坪铺设青石板。刘家四合院和刘树成四合院结合了当地的

袁场坪遗址(袁立新 摄)

环境和气候,更趋于实用,所用的砖、瓦、木、石雕绘极尽工巧,遗韵至今不逊,窗门所雕刻的花纹都非常的精美和细致。刘家的四合院凝结了当时刘家祖先的智慧,渗透着刘家人的审美情趣,留存至今对于整个伍伦村来说有着较高的艺术价值和文化价值。

袁场坪大屋也同刘家祖屋一样修于清末,卵石砌成围墙,有"福""禄""寿""喜"四个石门。石门上盖小青瓦,有鳌鱼翘角,围墙上存有剿匪标语。围墙内现存四栋房屋,悬山穿斗式木结构,其中三栋为单体,四排三间,三柱四骑,另一栋为一正一厢,正屋五柱四骑,木柱硕大,柱础雕刻精美,有雕花大门。我们现在仍可看到的是袁场坪大屋的"福"门和"寿"门的遗址。

清朝刘氏宗祠残址,其大门有石柱牌坊、封火墙,以及翼角高翘精美的石雕、木雕。

刘氏宗祠残址(袁立新 摄)

刘氏宗祠(袁立新 摄)

## 3. 民国时期遗物

伍伦村内还保留了一些民国时期的物产,其中就有两座古风雨桥仍然架立在村落里。一座为古木桥,桥墩是用石砖一块块堆砌而成,桥梁和桥身都是木头所造,桥檐是用砖瓦片片排置,井然有序。这座古木桥长大概100米,宽3米,不论烈阳或暴雨村民们仍可在这座古桥内稍做歇息。另一座为石拱桥,桥拱像一个单峰骆驼的背,从正中突然向空中隆起。石桥架在村内的一条小溪上,桥下是清澈见底的溪水,这一番景致为伍伦村更增添了一分风采。这两座古桥虽然历经了岁月的跌宕起伏看起来尽显沧桑之感,但还是十分美观和坚固,更向我们展示了伍伦先人们的智慧与技艺。

古木桥(袁立新 摄)

除此之外,还有若干的古桌、古凳、古牙床等,虽然都已布满了灰尘,略显斑驳,但仍可以看到其做工的扎实和雕刻的精妙。雕刻的花纹大致有花卉、动物、人物等,花纹生动灵巧,线条流畅,可以看得出雕琢手法非常细腻,用这些图案来装饰桌凳等生活家具也蕴含着人们对未来美好生活的向往憧憬。

古木桥侧面(袁立新 摄)

伍伦村的物质文化遗产是伍伦村土家族人在长期的社会生活中为适应自然环境而建造的工艺品,是其所在地区文化的体现,是当地居民的生活习惯与民风民俗的彰显。村里传统建筑最大的特点是室内外空间的渗透与交融,追求人与自然的和谐统一,强调建筑与环境的和谐统一。比如:高山地区地势崎岖陡峭,普通的地基无法建造,居民在利用地形、山区特点等方面慢慢地积累经验,才有了建筑依山临水而建,突破了严苛的自然地理条件限制和常规设计思路,不再遵循常规建筑的规则条框。这种以实践经验为基础的设计理念,充分利用山地的自身特点与优势,扬长避短,形成了它特有的建筑风格并传承至今。

伍伦村的吊脚楼形式多种多样,结构独特,形式活泼、特色鲜明且规模宏大,是集建筑、绘画和雕刻等艺术为一体的珍贵的民间艺术结晶。伍伦村内建造多为木质结构的干栏式建筑,均飞檐翘角,四面均有走廊,悬出木质栏杆上雕有万字格、亚字格、四方格等象征吉祥如意的图案。悬柱有八棱形、六棱形、四方形,底部雕刻有绣球、金瓜等各种图案。窗棂刻有双凤朝阳、喜鹊噪枝、狮子滚绣球以及牡丹、菊花等各种花草,古朴雅秀,美观实用,具有鲜明个性和民族工艺特色。伍伦村的传统特色建筑空间形式体现了土家族居民的生活方式、生活态度以及精神追求等特点,反映了当地居民对于自身的民族文化与民族精神的高度认同。同时,当地传统建筑由于其自然的地理环境展现了极强的地域特色,在其建造设计与建筑风格上不拘泥于常规建筑,主要服务于当地居民的日常生活,倡导实用且建造结构简单,易于掌握。所以说,伍伦村现存的物质文化遗产就是伍伦村地域特色、风俗习惯、文化传统等多种因素的本质体现。

## (二)非物质文化遗产

### 1. 传统民歌

伍伦村民歌以其丰富的内容、优美的旋律、精辟的诗句深深扎根于村人心中,与他们的生活息息相关,反映着他们的喜怒哀乐,是土家族文化不可分割的组成部分。伍伦村山歌是湘西土家族山歌的重要组成部分,演唱形式是按照歌唱的人数与性质进行划分。歌曲的演唱形式主要分为独唱、对唱、合唱。在此基础上进行改变产生了对唱、一唱众和、轮唱、坐唱、站唱、边活动边唱、伴随舞蹈游戏唱、锣鼓乐器伴奏唱、无伴奏独唱等。在对唱中,盘歌是最精彩的演唱形式之一,是一种诙谐、风趣、比智慧的歌唱形式。有两人相互对唱的,有一人对唱几人的,还有几人相互对唱的。唱盘歌时,气氛热烈,形式多样。节奏与节拍相辅相成,它们能组成最富有动力性与律动感的音乐。而艺术价值是艺术品的重要核心之一,艺术价值由审美价值、社会价值与传承价值等要素组成,只有充满艺术价值的歌曲,才能流传至今,深得人心,伍伦山歌就是这类歌曲。人们对美的追求步伐从未停止过,而山歌的审美价值主要表现在优美感与崇高美上,伍伦土家族山歌旋律婉转起伏,音乐优美动听,使听众在音乐中获得美的感受。虽是风格迥异的歌曲,但其对美的追求是一样的,有对幸福生活的向往之美,有阿哥阿姐对唱的情趣之美,有对生活感悟的哲学之美,有众人团结的和谐之美,等等。歌曲可以打动人的情感,丰富人的精神世界,陶冶人的心灵,让听众从中获得优美感受。山歌歌曲充满着浓郁的土家民族特色,具有艺术的传承价值。近年来,随着村民的外出务工,受现代文化的冲击,伍伦村会唱山歌的人越来越少了。随着老一辈人的离去,这些独特的传统文化面临着失传的处境。

### 2. 梅嫦神

《梅嫦神的故事》是土家族最古老的故事之一,主要流传于湘西土家族聚居地,它以毛古斯"狩猎"为主线,世代口口相传,通过毛古斯人狩猎的各种动作和口诀,用保佑、许愿和还愿、酬谢两种形式,表现了开天辟地、人类繁衍、民族祭祀、狩猎等广泛的历史内容和社会生活内容。在讲述时以土家语言为主要表述语言,在形式上以韵文和散文为综合体,采取浪漫主义和现实主义相结合的创作方法。修辞上,有比有兴,词汇丰富,想象奇特,形象生动,具有很强的文学性。

梅嫦又名梅山,是一位伟大的女神。梅嫦与毛古斯酋长相爱,在一起生活后,便赐给毛古斯一些猎物供他捕打,毛古斯人从此吃上了兽肉,免受饥饿之苦。后来,人们为了感谢她为人类的生存提供了生活来源,便封她为"猎神",并设立了神舍。人们每次打猎之前都必须到神舍敬拜梅嫦神。《梅嫦神的故事》开启了土家族历史的新纪元,为传承土家文化开辟了新天地,为毛古斯舞蹈的发展和演变打下了坚实的基础。

### 3. 围鼓

永顺围鼓历史悠久,属民间打击乐精髓。清乾隆十年(1745年)《永顺县志》记载:"永谷酬神,必廷辰郡巫唱傩戏……至晚,演唱傩戏、敲锣鼓、人各纸面具。"围鼓这一乐种在清代频繁出现于民间戏剧活动中。永顺围鼓属围鼓艺人心传口授,无记谱。通过历史艺人的传承和发展,形成了自己独特的风格。在社会发展的历史进程中,随着民俗民情的不断变化,对永顺围鼓这一民间音乐瑰宝,一代代围鼓艺人不断继承和创新,自成一家。据《中国民族民间器乐曲集成·湖南卷》记载:"围鼓在当今社会活动中运用于娶亲嫁女、闹丧送灵、造屋送匾、添丁宴酒、贺寿祝福。"

### 4. 雕刻

伍伦村的木雕多采用村内的天然植被,境内多山,山上树木成林,樟、梓、楠、柚、松、杉等木材,大都质地细腻,纹路曲美,有的还气味芬芳且具有防虫防腐的功效。这些质地坚硬、耐久实用的木材,自然成了人们建屋造房的首选。提起湖湘木雕,多数人印象模糊,然而伍伦村的木雕却有一种特异的气质,古拙朴质,渗透着一种原始的张力和厚重的历史感。当地山高林密,交通不便,因此民风质朴,这种朴实的风格也体现在工匠们的雕刻中。木雕作品风格传统,具有生动质朴、别具一格的艺术风格,初看不觉精致,细细领略方能感受其中的原汁原味和强烈的内心震撼,颇合当地粗犷、豪放的民风。在工艺操作上,有图稿设计、打坯、修光等工艺程序,艺术高超的老艺人,不用画稿,直接就可雕刻。在具体到某一作品的雕刻时,没有固定的模式,全凭艺人对故事人物的理解,再加上他们敏锐的洞察力和高超的艺术表现力来进行创作。其雕刻有线刻、阳刻、阴刻、单面刻、双面刻等技法,有的用一种技法,有的用多种技法相结合。土家的木雕、石雕,主题基本是动植物与吉祥图案的组合,具有象征意义,表达居民的美好希望等。比如窗花中蝙蝠之"蝠"因与"福"音相谐,五只意指"五福"。灯笼锦图案始于北宋,又名庆丰收、天下乐,以灯笼做纹饰,隐喻"五谷丰登"之意。石雕中的吉祥图案,多以动物、人物为造型,当地居民相信借助这些事物的属性和特征能保护他们世代的平安喜乐。

#### 5.牛王节

土家族节日比较多,从节日内容看,有祭祀节日、纪念节日、庆贺节日、社交娱乐及生产性节日五类。其中最具特色的就是土家传统的牛王节。每年的四月十八日是土家族的牛王节,这天都要举办牛王节歌会,搭起歌台,将牛头像悬挂在歌台中央,以歌颂牛的功德。牛王节十分热闹,各家各户提前一天将牛梳洗干净,喂精饲料,角上系一朵大红花,一早牵着去赶歌会,同时,也借此机会展示自家牛的健壮。传说很多年前,牛是天上的神牛,看到人间疾苦,人们终日劳作,仍吃不饱,就悄悄盗了仙谷给凡人,这事让守谷神发现了,告到玉帝那里,玉帝一气之下将神牛打下凡间,让它跟人一起吃苦受罪。从那以后,牛就陪伴人们耕田了。人们不忘神牛盗仙谷之恩,就将仙谷改为"盗谷",日后又将"盗谷"改为"稻谷"。传说神牛盗仙谷的时间是农历四月十八日,于是土家族人就将这天定为牛王节,以各种形式予以庆祝,感谢牛王"盗谷"之恩。这便是土家族的传统牛王节。

## 三、自然资源

伍伦村群山环抱,绿荫围绕,内有溪沟,流水淙淙,整体形态与山体紧密依存,建筑现状集中分布在山谷中的狭长地带。依山势形成阶梯形聚落,民宅高低错落,空间环境变化丰富,景观风貌特色明晰。正如《桃花源记》所载:林尽水源,便得一山,山有小口,仿佛若有光。便舍船,从口入。初极狭,才通人。复行数十步,豁然开朗。土地平旷,屋舍俨然……伍伦便是如此境界。伍伦村的溶洞、古树等自然产物已有几百余年的历史,极具特色,叹为观止,为身处湘西大山深处的伍伦村添上了浓墨重彩的一笔,实为自然"秘境"。

### 1. 地质资源景观

伍伦村内的溶洞并没有多深多长,只是有许多个小型的岩洞内部相通,尚未开发,这些溶洞呈现出最原始最天然的形态,给我们展现的是一种不夹杂着任何人工气息的最自然的美感与奇特。夏日若处在溶洞附近,身体能感受到明显的清爽与凉快,洞下基本上都有水源流过,这些溶洞之下的水不仅清澈见底还十分甘甜,村民路过此地都不免会蹲下身去喝上一捧或洗把脸,来舒缓这一日劳作的辛苦。伍伦村的溶洞中间相连,村民们自己修建渠道利用每个溶洞储存大量的水资源,干旱时期浇灌村内的农作物。

### 2. 植物资源

伍伦村有一棵古树叫"楠木土",它屹然地挺立在村落之内。目前伍伦村这棵楠木树高300余米,树龄300多年,是村里最高的一棵树,现在已成为伍伦村的一种象征,一张名片。据传,这棵楠木树是该村先人所栽,古时候朝廷修建宫殿,土司王以楠木进贡给朝廷之用。几百年来,这棵树枝繁叶茂,四季常青,村民百般呵护,被誉为"楠木王",视为"镇村之宝"。

楠木王(袁立新 摄)

2018年9月,寻找树王的活动在湘西土家族苗族自治州广泛开展,一大批古树品种及传奇故事吸引了国人的眼球,永顺县万民乡伍伦村的"楠木王"在村民的大力宣传下,得到社会人士的广泛认可和踊跃投票,在众多古树中荣获二等奖。为此,村民们举办了伍伦村楠木王庆祝晚会,高唱土家苗族山歌,跳起摆手舞,笑容洋溢在每位伍伦村村民的脸上,在一片欢声笑语中传递内心的期盼与祝福。

楠木的价值不断飙升,村民们为保护好本地的珍贵遗产,通过大力宣传教育、制定村规民约、强化执法检查等方式加强对楠木古树的保护。这棵树是一道风景,更是伍伦人的情怀,记忆深处的乡愁。"楠木王"守护下的一代又一代村民,凭着勤劳肯干,大胆开拓,书写着各自的辉煌,尤其是在党的领导下,过上了梦想中的生活。

(本章由唐爱玲撰写)

# 第十三章　小溪村

　　小溪乡位于永顺县东南部,小溪村则处于小溪乡中部,地势呈中间高,四周低,属丘陵山区,位于小溪国家级自然保护区核心区,环境优美,树木茂密,山地密集。该村坐落在洼地中,一旁有溪流流过,东与雨阳、郊溪交界,南与毛坪村相连,西与竹坪村接壤,北与鲁家交界,居民以土家族为主。村落交通较为不便,距小溪乡政府驻地约10公里,距永顺县城约155公里。小溪村现对外交通联系由县道X019承担,宽约4.5米,其向南延伸与省道S229相连,向北延伸与省道S306相通;南向约10公里处、小溪乡政府驻地有码头,通过船只经凤滩水库可到达芙蓉镇。2012年12月,小溪村被列入第一批中国传统村落名录。

# 第十三章
## 小溪村

## 一、村落概况

### (一) 地理生态环境

小溪自然保护区位于永顺县东南角,为武陵山脉南支,由北向东延伸,区内最高的人头山海拔1327.1米,最低的鸡龙门海拔205米,相对高差1122.1米。该区属于亚热带北缘山地常绿阔叶林区,由常绿落叶阔叶混交林组成,具有多层、异岭、干高、冠宽的特点。年平均气温12~14℃,年降水量为1457毫米,无霜期260多天。地处小溪自然保护区内的小溪村是永顺县乃至湘西自治州旅游体系的重要组成部分,有"天然氧吧"之称。该景区是以原始次生林、峡谷、峰林地貌景观为特色的生态旅游区,区内林海浩渺,树木葱郁,森林覆盖率达到92.5%,负氧离子浓度高,空气清新,环境宜人。林海缝隙中险峡深涧,飞瀑流泉,奇峰拔地,鸟鸣猿啼,间或偶现一两栋土家木楼,鸡鸣犬吠,民风淳朴。由于地处山间,村落整体风貌保存较为完好。

小溪村一隅(袁立新 摄)

### (二) 村落来源

民国二年(1913年)永顺设立18个保。小溪村隶属施浴保。中华人民共和国成立前,小溪村隶属下溶乡。1950年3月,中国共产党永顺县委员会成立。8月,全县发生稻包虫,受灾万余亩。小溪村也是受灾区。1957年9月20日,湘西土家族苗族自治州成立,永顺县为其属县。1958年,小溪村调整为大队,属长官公社。1961年10月,全县进行人民公社调整,管理区改为大队,作业组改为生产队,实行三级所有、以生产队为基本核算单位的新体制。小溪大队调整为小溪公社,公社驻地位于现小溪村小溪组。1968年9月,知识青年到小溪公社。1975年11月,县委召开"农业学大寨"会议,同年,小溪公社开始修梯田。1982年,建立小溪自然保护区,小溪公社位于自然保护区内。1984年,公社改乡,大队改为村委会。小溪公社改为小溪乡。1988年,全县设9个区,1个直辖镇,5个乡级镇,小溪村所属小溪乡隶属长官区。2001年6月,小溪自然保护区被批准为国家级自然保护区。2006年,小溪中心完全小学、小溪乡卫生院由小溪村搬迁至小溪乡毛坪旅游新区。2007年4月,永顺县公安局小溪乡派出所搬迁至小溪乡毛坪旅游新区。2014年6月,永顺县小溪村被列入首批中国传统村落整体保护项目。

## (三)村落人口

小溪村共10个组,2013年全村310户1086人,全村人口除少数从外地嫁入的其他民族外,大部分为土家族,保持着传统的土家族习俗。小溪村地处丘陵山地之中,境内山峰突兀,坡陡沟深,山峦起伏,村内十个村民小组沿沟壑分布,除小溪村民小组较为集中外,其余村组非常分散。小溪村民风淳朴,民族风情浓郁,是一个民俗文化保存完整的山寨。

## (四)物产与特色产业

小溪村现有农作物面积1209亩,其中稻田709亩,旱地500亩。主要物产有稻谷、玉米、辣椒等。2012年总产值420万元,人均纯收入1643

元。截至2020年底,小溪村已完成全面脱贫,人均收入大幅提升,生活质量明显改善。小溪组居民点相对集中,依山傍水,内部有水泥路与省道相连,南侧10公里处乡镇府驻地有码头,有船只与芙蓉镇相通,近年来进村旅游的人数每年达到7.5万人,村民收入较高,经济条件较好。其余村组村民经济条件较差。

村民收获辣椒(袁立新 摄)

除此之外,小溪村的主要经济作物还有莓茶、腊肉、万坪豆腐、板栗、茶油、竹编及土家织锦等农副产品。其中,莓茶在小溪村甚至永顺县都非常著名。莓茶学名显齿蛇葡萄,是藤茶类产品的一种,又称土家神茶、神仙草、红军茶,属永顺县地理标志农产品。民间饮用莓茶之习惯,可追溯到上古神农尝百草时期,距今已有6000余年的历史,我国最早的诗歌总集《诗经》称之为古茶勾藤,可药、饮两用。莓茶在《救荒本草》《全国中草药汇编》等药典中有明确的记载,莓茶色绿起白霜,具有明显的保健治疗效果。

相传明嘉靖三十四年(1555年),永顺宣慰使彭翼南率士兵3000人,致仁宣慰彭明辅率士兵2000人,应征奔赴东南沿海抗击倭寇,因水土不服,士兵多有腹泻,几乎失去战斗力,军医建议回永顺收集莓茶1000余斤,用军锅熬煮以止腹泻,后每餐必备,王江径大捷。莓茶被誉为"东南战功第一",功不可没。

## (五)经济社会发展状况

近年来随着小溪自然保护区的游客增多,村内商店、旅馆、餐饮等商业设施发展迅速,其中家庭旅馆的建筑面积达8000平方米、床位达560个,规模较大。小溪村正在进行农网改造,电源来自南侧乡政府驻地供电所,配电线路以电杆架空铺设。在村内设有6个变电箱,通信线路自乡政府驻地沿入村公路引入。

村内景象(袁立新 摄)

2018年,村级公共服务设施较为欠缺,村内租赁一栋两层楼建筑作为村部大楼,位于村落南部,内设村部办公室,设施较为简单,基本满足村民服务需求。目前村内因旅游业的发展,旅游人数逐渐增加,井水已不能满足村内用水需求。截至2020年底,村级公共服务设施配置齐全,满足村民日常医疗、教育、娱乐、发展、服务的需求。由于村落依山就势而建,整体排水方式为自然排放的形式,雨水一般沿地表汇集至村内小溪,排出村外。村内污水处理工程资金已部分到位,在小溪国家自然保护区科研所东侧修建污水处理设施,沿小溪铺设污水管道,对村寨内污水进行处理。

## 二、文化遗产

### (一)物质文化遗产

村寨位于小溪村中部低洼峡谷之中,两侧山峰林立,一条小溪从后山发源,蜿蜒而下,在村寨中流淌,一条3.5米宽的水泥路伴溪而行,由寨中通向山外。民居大部分沿小溪西侧依山傍水而建,为中华人民共和国成立初期至现代建筑,大部分为木质结构小青瓦形式,临溪有吊脚楼,古朴实用,不崇尚奢侈华丽,是土家文化保存较好的村寨。

# 第十三章
## 小溪村

该村建筑保存完好,分两片集中区域。一片为溪流边临溪而建的吊脚楼,多为两层,也有三层吊脚楼。此处吊脚楼立柱落于溪流之中,将吊脚楼架空于溪流之上,较其他地区传统建筑有显著特点,制式为五柱四骑、三开间、穿梁、歇山式。另一片集中区域位于山脚下,依山而上,地势较平坦,制式为五柱四骑、三开间、穿梁、歇山式,均有吊脚楼。该村传统建筑雕花构建较多,图案为万字格、仙人洞、喜鹊闹梅、双凤朝阳等。

村组民居建筑格局较为统一,建筑依山就势分布,错落有致,装饰格调淡雅,内涵丰富,独特的湘西建筑风格,凝聚了先人们的聪明才智和高超技艺,既具有一定的湘西建筑代表性,又富有历史、科学、艺术保护和观赏价值。

小溪村组始建于民国时期,村组内民国时期古朴的民居有8处,错落有致地分布在村组北部向阳坡地上。在村组未通公路时,其交通主要依靠北侧石板步行道进出,石板巷道傍小溪而行,两侧山体非常陡峭,见证着旧时村组居民生活的艰辛与不易。小溪村建筑依山就势而建,形成了大量挡

村内小溪(袁立新 摄)

小溪村建筑样式(袁立新 摄)

村内石桥(袁立新 摄)

墙、跳岩、古石台阶,体现了先民们在建造过程中的智慧。

古石台阶(永顺县住建局　供图)

跳岩(袁立新　摄)

小溪村民居(袁立新　摄)

中华人民共和国成立初期的建筑多为木结构,主要位于山坡上,平面布局多为"一字形"、"L形"(俗称单手推车)、"凹字形"(俗称双手推车),大部分建筑都有吊脚楼。建筑面阔多为3~5间,穿斗式梁架结构,五柱八骑或四柱三骑,小青瓦屋面;建筑外围及室内隔断均为木板壁形式;建筑面积最大的300平方米,最小的45平方米,建筑大部分为单层。每座民居前均有平场,石板铺装,为住户晾晒稻谷的场地。除个别房屋无人居住,其余房屋均由当地村民居住使用。

"一"形平面是土家族也是小溪村民居房屋最基本的形式,以三开间居多,个别人家设五开间,如米梅英宅,堂屋居中,开间大于两翼,为供奉祖先或迎送宾客之所,堂屋后有过道房,两翼一般分隔前后间,后间作卧室,前间一侧作灶火房。正屋两端配置偏屋作厨房、牲口房等用。"L"形平面,其平面布局是在正屋的一端向前伸出厢房,长度一般为两开间,进深小于正屋进深,且是层高较小的两层楼房,底层用作仓库、碓房或厨房等,楼层作住房或客房。在"一"形平面上搭建侧面厢房,形成"L"形平面,如彭振奎宅、彭英华宅。"凹"形平面,即在正屋两翼对称地伸出厢房,村内只有村部办公楼建筑为这种形式,建筑较好地结合地形高差修建,正屋地坪比两侧厢房高1.5米,两侧厢房外挑走廊,形成吊脚楼,走廊架设楼梯与正房地坪相连。

建筑屋面全部是小青瓦屋面,由于湘西雨水较多,流量较大,对小青瓦屋面冲刷严重,容易形成瓦面下滑漏雨;另小溪村山区气候昼夜温差大,而且有冰冻期,造成瓦面断裂;加之各建筑均年久失修,缺乏日常维护,导致屋面经常漏雨。梁架缺乏日常维护,尘土蛛网密布。因屋面漏雨造成檩、椽、枋等木构件的糟朽、断裂。部分建筑梁架倾斜,导致前后檐木板壁整体倾斜,变形严重。建筑装修均为木板壁、木板门、木窗,木装修均变形,并存在不同程度的糟朽、开裂。部分建筑梁架之间为竹编壁,大部分破损严重,局部保留完整,但表面污渍严重。

## (二)非物质文化遗产

### 1. 文学艺术

土家族的文学艺术相当丰富,且源远流长。小溪村里当地的民间故事、神话传说深入每个土家族村民心中。这些故事大部分都是以口头文学的形式流传,既有讲述祖先来历的,又有歌颂人类智慧的。茶余饭后老人都会给小孩讲起他们记忆深刻的故事,孩子们也都津津有味地听着。现在小溪村中会讲故事的"老把式"(老人)已不多,但村民都非常尊敬他们,小孩子有时还主动找上门去请"老把式"给他们讲故事。谜语、谚语作为口头文学的一个组成部分,如今还有不少在村里流传,其内容多涉及农事或村民的日常生活。闲暇时长辈给孩子讲谜语和谚语,既能启迪孩子的思维,又能增添家里的欢乐气氛。

小溪村现存的民间故事和神话传说多为口头流传,也有的是当地村民用笔头从古书上抄录的,但这种抄录的故事带有明显的汉文化色彩。目前村里还在讲述的民间故事和神话传说的内容涉及人类起源、宗教文化、人类智慧、伦理道德等方面,展现了小溪村土家族人民的聪明智慧和爱憎情感。

小溪村当地的民间谚语、歇后语、顺口溜很多,其内容大都与劳动人民的生活相关。它们要么是提示做农活的时间,要么是指明农作物的收获季节,要么是歌颂生活,要么是纯粹的游戏,但都表达了小溪村村民热爱生活的美好情感。例如谚语,"秋前十天无饭吃,秋后十大满田熟""立夏栽秧,处暑打谷""日出东南红,无雨必有风""星星厚,半夜漏""早晨满天雾,尽管洗衣裤""黄昏起云半夜开,半夜起云雨就来""鸡欢晴,猪欢雨""狗打喷嚏要天晴"。又如歇后语,"六月不吃中饭——日子长远""老虎打蚱蜢——小讨小吃""头戴袜子——像脚(角)色""茶罐做枕头——空想""只有三兄弟——无四(无事)"等。

**2. 音乐舞蹈艺术**

舞蹈、歌曲也是土家族人独具民族特色的艺术,当地村民至今仍会唱不少山歌和传统古歌。摆手舞、毛古斯保留有大量原始宗教、原始艺术的痕迹。小溪村的摆手舞、毛古斯是远近闻名的。永顺县和周边地区甚至湖北省的土家族在20世纪50年代、60年代、80年代和90年代都曾派人到小溪村来学习这两种舞蹈。

就歌曲来说,小溪村当地的歌曲涉及的内容相当广泛。其歌曲内容包括了生活的方方面面,有跳摆手舞时唱的摆手歌,有进行泡谷种、种玉米、插秧、薅草、打谷子等劳动对唱的农事劳动歌,有起新屋时唱的"上梁歌""踩门槛歌",有出嫁时唱的"哭嫁歌",有男女青年恋爱时对唱的"情歌",有迎接远客时唱的"敬酒歌",有表现闺中少女妩媚的"梳头歌",等等。另外,还有即兴编的山歌、干繁重体力劳动时的劳动号子,以及歌唱当时身处之情的土语歌。小溪村中,也有土家族歌曲的一个显著特色,是歌词基本上为七字一句,每句结尾大多带有语气词,如"哩"等。曲谱比较简单,一般是唱过几句后就多次反复前面的语调。

小溪村村民使用的乐器除了唢呐外,均为打击乐器。遇到婚娶、起新屋等喜庆日子,这里的村民都要打溜子,也有人叫它"家伙哈"。整套打溜子的乐器一共有四件:马锣、头钹、二钹、大锣。打溜子的牌调有300多套,现存120套左右。《古树盘根》《狮子过河》《锦鸡展翅》《喜鹊闹梅》等是小溪村村民经常表演的。打溜子在小溪村中受大家欢迎,会打溜子的人也较多,内容以欢快的为多。喜庆的时候,村里都有打溜子表演,茶余饭后,几个年轻人也可能拿起家什就自娱自乐起来。

在小溪村,最有特色的舞蹈是在土家族中相传很久的摆手舞。这个舞蹈是随着土家族大型的民俗活动——摆手活动一起举行的。整个摆手活动中既有宗教祭祀,也有传统文艺表演,总的来看包括了请神祭祀、跳摆手舞、唱摆手歌等内容。

### 3. 地方戏曲

小溪有阳戏、傩愿戏、高腔戏等民间戏剧,有渔鼓、三棒鼓、莲花闹等民间曲艺。阳戏唱腔抒情,婉转流畅,接近生活,多为上下句式,往往是台上唱,台下合,喜闻乐见中,群众爱听爱唱亦爱学。1989—2010年,石堤镇等阳戏剧团活跃在县内城乡,主要在春节期间流动演出。

傩愿戏于清朝末年传入永顺,傩愿戏的唱腔,源于老司酬神时所唱调式,主要有十二大腔,其中又分傩愿调和高台调。最初只有锣鼓、唢呐伴奏,没有弦乐,纯属清唱,后逐渐发展有弦乐伴奏。唱腔的音域高低都是由演员根据自身嗓子决定,酬神时一个人也可以在堂屋中表演,脚踩八卦,有一定之规,不可逾越。永顺傩愿戏以唱《目连救母》《观音送子》《孟姜女》《安安送米》等剧目为主,多以还愿渡关、请神、酬神、祛除鬼邪。后发展成为有故事情节的剧目,亦分生、旦、净、末、丑行当,搬上舞台。

三棒鼓约于明代入传县境,并逐渐成为群众喜闻乐见的民间曲艺形式。三棒鼓通常由三至五人组成,一人击鼓唱词(每段四句,往往四句押韵),一人勾锣配乐,一人耍花棒。花棒三根,长一尺,舞者左右手各持一根,将另一根抛在空中,左右开弓,击打空中长棒使之不落地。也有以刀代棒,以舞刀代三棒的技艺。打三棒鼓,通常有"闹春耕""收割打场""庆丰收"三套,每套分"鲤鱼跳龙门""玉女穿梭""板岩漂滩"等项目,多为即兴表演,唱词随意发挥。

### 4. 民族风俗

在漫漫的历史长河中,小溪村在民俗文化、服饰饮食、人生礼仪等方面都形成了一套完整的风俗习惯。独具个性特色的习俗代代相传,但又始终处于变化与发展之中。改土归流后,小溪村的习俗改变很大,尤其是中华人民共和国成立后,习俗改变尤为明显,但体现其鲜明的土家族民族特征的风俗习惯还是较完整系统地保存了下来,如摆手舞、千古斯舞等舞蹈,哭嫁歌、山歌等歌曲,独特的服饰及饮食习惯都沿承至今。

《永顺县志》记载,土司服饰不分男女,皆一式头裹刺花巾帕。衣裙尽绣花边。每逢岁时节气,各官社巴下乡,俱令民间妇女歌舞。清朝实行改土归流时,清政府对土家族男女服饰制定了所谓的禁革"陋习"条款,要求"服饰宜分男女"。至此,小溪村男女服饰发生重大变化,女多穿满襟,男穿对襟,包头巾,均穿扭裆裤,但男女样式有别。1949年以后,受外来文化的影响,小溪村土家族人的服饰改变很大。

在岁时习俗方面,小溪村延续着土家族的节日习俗。过年是土家族人最重要的节日。凡在外地的人,只要可能都必须赶回家祭祖过年,这叫"团年"。这里过年时间与汉族略有不同,遇到小月从腊月二十八开始过节,遇到大月则从腊月二十九开始,叫过"赶年"。过年吃的主要有鸡、猪头、蔬菜(包括黄瓜、甘豆、番茄),另外有烟、酒、糖。大年初一开始拜年。从初三、初五或初七(一定是单日子)开始,其他六寨半的人都要聚集到小溪村来跳摆手舞,一般要跳七天半或八天(一个寨子跳一天)。

在正月十五这一天,要吃鸡、鸭、鱼和蔬菜,特别是要吃烧猪头和烧猪腿。元宵节吃"爬坡肉",吃了以后,正月十六就可以去做工。小溪村村民

## 第十三章
小溪村

在元宵是不吃汤圆的。

小溪村村民把汉族过的端午节称为小端午,农历五月十五才是土家族三大节日之一的大端午节。过大端午节的时候,村民都要请客吃饭,客人越多表示家族越兴旺,一般是吃三顿。和汉族一样,他们这一天也吃粽子。在小溪村中,这里的村民都种糯谷,过节时村民到地里要么拔些棕叶,要么拔些稻叶回家自己包粽子。吃饭时,每家每户都喝雄黄酒,没有喝完的酒则兑上水,用扫帚蘸了洒在房子周围,以驱赶蛇、蚊虫,辟邪气,小孩子脑门上用雄黄酒画上"十"字或"井"字,表示把小孩子打扮成打虎将,使白虎不敢穿堂而过。

尝新也是一个重要的日子,通常在农历七月间,具体日子根据节气推算。这一天专吃新鲜东西,主要是到地里去摘些新鲜的苞谷等作物回家吃。另外,以前村里还有喝泡汤的习俗。这一天,七个半寨子的每户人家都派一个代表到村里来,大家合杀一头猪,把猪切成片放在两个大锅中煮,在场的人用碗取汤喝,煮好的肉用桐树叶包好带回家里给老人和小孩吃。他们相信吃了泡汤就可以消除百病,无灾无难。吃猪的钱由大家凑份子。

到了农历八月十五中秋节,小溪村村民都要到乡上的商店买火腿月饼、冰糖月饼等。村子里要杀一头或两头猪,先敬菩萨,然后一起分享,表示大家团结。

取八字。插香定亲后,一般不久,男方要媒人去接,女方答应后,男方准备礼物,取八字。礼物多少由女方提出要求,媒人协调。一般男方送女方衣服、鞋子、半边猪肉、金银首饰等,同时为置嫁妆送上准备金。女方备回礼,一般为布鞋、鞋垫,2000年后,女方家境好的回皮鞋。女方受此聘礼后,给男方发来"真八字",双方分别筹办结婚事宜,打制家具,弹棉被、购生活用品等。

哭嫁。小溪村青年完婚前三天,女方开始哭嫁,1989年,县内塔卧、万坪等地延续此习俗,哭三天三夜,从自己爹娘哭起,然后女方亲属、宗族,来一个哭一个。哭爹娘养育之恩,哭亲朋、宗族关照之情,哭自己的辛酸苦楚,从日常生活说起,哭得非常伤心,姑娘哭嫁是向整个宗族一一告别。进入21世纪,县境哭嫁习俗仅有个别村寨保留,多数不再保留。

迎娶。土家族人婚前一天叫"戴花"日,这天是女方"正酒",称戴花酒。女方将陪嫁的桌椅、柜子、箱子、被子等嫁妆摆出室外,供人观赏,向宗族展示财产。女方亲友皆来送彩礼祝贺,女方设宴招待。当晚,男方发轿,媒人不再跟随,另请"礼官先生",带上压轿米、肉、离娘衣、背情布、"六礼"(上头礼、离娘礼、背情礼、饭厨、菜厨、开茶)等,另有"哭嫁粑粑",接亲人一行去女方家。有的地方女方行"拦门礼",就是男方接亲队伍行至女方家门前时,女方拦门官用桌拦门,男方礼官上前与拦门官互相敬酒,然后两人拼道讲理。拦门词一般由礼官先生自报家门,女方内管先生首先发问,二者相互盘答,若男方礼官讲输了,就得拿出"三茶""六礼"等礼品;若女方拦门客讲输了,就得无条件开门,请迎亲队伍进屋。男方礼官先生送上礼信(红包),并送上迎亲书。

## 三、自然资源

古树(袁立新 摄)

小溪村既有旖旎的自然风光,又有淳厚朴实的民风和浓厚的民情,驻足村内,环视四周,映入眼帘的是山体的青翠和建筑的素雅,一派山清水秀、自然古朴的和谐景象。在村组小溪西侧,分布部分香果树、巴东木莲、银杏等古树。在村组周边山体分布大量100年以上的古树群。

小溪村生长着大片亚热带低海拔常绿阔叶原始次生林,面积1.1万公顷。小溪村是中南十三省亚热带低海拔常绿阔叶原始次生

## 第十三章
### 小溪村

林保存最完好的地区之一,是免遭第四纪冰川侵袭唯一幸存的绿色基因库。境内动植物种类繁多,有维管束植物222科974属2702种。其中,有珙桐、红豆杉、三尖杉等国家一、二级保护植物43种。特别是珙桐群落、银杏群落、伯乐树群落及巴东木莲群落分布面积之广、数量之多,为国内罕见。属国家保护的珍贵濒危物种有18种。有昆虫144科,738种。2001年经国务院批准,小溪乡升格为国家自然保护区。

(本章由胡绮轩、石兴慧撰写)

# 第十四章　兰花洞村

兰花洞村是湘西山区土家族的主要聚居区之一，不少土家族传统村落能够较为完好地保留也是得益于这种相对封闭的地理环境。然而随着经济发展和社会开放的进程，当地土家族古村落正面临着保护与开发厚此薄彼的严峻矛盾。兰花洞村是目前中国保存最完整的土家民俗文化村之一，这里保留着土家族最原始的民族文化，在服饰、饮食、建筑、社会习俗等各方面都形成了一套完整的文化体系。2019年6月，兰花洞村被列入第五批中国传统村落名录。

# 第十四章
## 兰花洞村

## 一、村落概况

### （一）地理生态环境

兰花洞村平均海拔1200米，猛洞河流经此地。该村地处湖南省西北部，湘西土家族苗族自治州西北部，武陵山脉中段，位于永顺县芙蓉镇东北部，归属于永顺县芙蓉镇下辖的建制村，距离芙蓉镇约15公里，与发树村、新元村、双桥村相邻，总面积约16.6平方公里，辖5个村民小组，13个自然寨。兰花洞村因邻近兰花洞而得名。

兰花洞村全景（袁立新 摄）

### （二）村落来源

兰花洞村，位于武陵山脉深处，拥有千年历史，以向姓家族为主。据向氏族谱记载，向氏祖先自商朝成汤起，分为空圣一支。至宋桓国时期，司马氏家族中有一位公子厥，字向嗣，成为向姓的始祖。此后，向姓族人繁衍生息，涌现出众多杰出人物，如周襄王时期的向成公，担任左师之职，为和睦晋楚两国立下赫赫战功。数百年的传承，向姓家族不断发展壮大，至顺帝年间，已传至十八代。在此期间，向美具、向纯表、向武桂等一代代优秀人物相继涌现,为村落发展作出了巨大贡献。兰花洞村以向氏为主,村民始终秉持民族公约,团结一心。虽历经时代变迁,村民心志如一,同根同源,共同维护村落安宁。

如今,在社会主义现代化建设的新形势下,兰花洞村村民更加关注自治与选民,生活责任在民。村民们以同胞之情,共同努力,选出贤能之士治理村落,致力于创造一个和谐美好的家园。在这个过程中,村民始终铭记祖先的教诲,传承中华民族的优秀传统,为实现国家的繁荣富强,不懈努力。

### (三)村落人口

兰花洞村是一个以土家族为主体的少数民族村落。据2019年8月统计,全村总人口1669人,少数民族人口1536人(几乎都是土家族),占全村的92.03%,汉族人口128人,占全村的7.97%。

### (四)经济社会发展状况

兰花洞村村委会通过制定年度发展规划和计划,为经济社会发展提供了组织保障,并重点关注基层组织建设和基础设施建设。在种植业、养殖业和旅游业三个方面取得了显著进展。

在种植业和养殖业方面,该村主要种植玉米、烤烟、水稻和猕猴桃。在养殖业方面,特别推动黑猪的发展,并支持村里建立了2到3个养殖场。这些产业与烤烟产业共同构成了该村经济发展的重要支柱。

兰花洞村拥有丰富的旅游资源,对当地社会的经济发展起到了重要的推动作用。兰花洞内有"出水洞"和"落水洞",两洞之间有一条流水相连。出水洞流出的水注入落水洞潭内,形成了一道高达5米的小瀑布。地面上还有一条溪流注入落水洞,形成了高达30米的大瀑布。洞口大厅面积达到1万平方米,形成了一个由巨大钟乳石构成的"地下城"。地下城内"高楼"林立,高度超过20米,沿着"落水洞"向下延伸,水路蜿蜒,两边的石壁起伏,被称为"地下小三峡"。峡谷出口处还有连绵的地下湖泊。这些绝佳景色使兰花洞成为湘西新开辟的旅游区,属于湘西猛洞河旅游区。2003年经过人工开发后,兰花洞借助地下暗河、地表水和洞内的自然景观吸引了大量游客,推动了兰花洞村整体经济水平的提升和社会发展。

## 二、文化遗产

### (一)物质文化遗产

兰花洞村土家族人长期与大山厮守,濒溪傍谷,其居住与自然环境相适应,反映了当地的固有特色。传统民居主要有茅草屋、土砖瓦屋、木架板壁屋、吊脚楼四种类型,除此之外还有石板屋和岩洞。民居结构分为正屋、厢房和司檐。正屋一般为三间,中间一间为堂屋,前面有"吞口";在正屋两头前面并与正屋垂直的两间为厢房;正屋后面的为

传统民居(袁立新 摄)

司檐(也称拖檐)。家庭富裕的建成四合屋,四合屋的前面称门楼子,中间为天井。一般聚族而居,民居自成群落。

吊脚楼是一种全木结构的干栏式建筑,为兰花洞村村民的主要住所形式之一。住所的结构一般为一正两厢(也有一正一厢的),其中厢房为吊脚楼。吊脚楼的地基低于正屋的地基,在其地基上竖立十几根木柱,木柱上铺木板(楼板),以木板为壁,一般二至三层。吊脚楼的前面有阳台,两边有走廊。阳台和走廊排柱悬空,悬柱的末端有圆锥形雕饰,名为吊进

瓜。阳台和走廊的栏杆多由木条组成,富裕之家在栏杆上雕龙画凤,在窗子和门上精雕细刻。阳台的屋檐为飞檐翘角,其遮檐用长条木板钉封檐口。吊脚楼集建筑、绘画、雕刻艺术于一体,是当地一道亮丽的风景线。

吊脚楼(袁立新 摄)

兰花洞村吊脚楼与正屋搭配成趣,互为映衬。常见的正屋有三柱二骑、三柱四骑、四柱六骑、五柱八骑等,其中三柱二骑的简单廉价,多为贫困人家修建;四柱六骑和五柱八骑的繁杂浩大,多为有钱人家修建。堂屋两边的房子也分上下两层,楼上堆放五谷杂粮。楼卜隔成前后两间,靠前窗的叫火塘屋,是烤火待客、熏腊肉的地方。靠后窗的叫退房,是铺床摆柜的地方。住房有讲究,靠右边的叫上屋,是几兄弟间老大居住的,老二、老三的住处依次左推。吊脚楼与正屋的接合部叫大转角,又叫作拖"骡子屁股",这是锅、灶、磨子的安置区。吊脚楼的下层,是猪栏、牛栏或者粮仓的安置处,楼上是女孩子挑花、绣朵、绩麻、纺纱、纳鞋做垫的绣房。中华人民共和国成立以来,经济快速发展,兰花洞村的村民收入增加,村里的吊脚楼明显减少,取而代之的是新砖房。

按照当地习俗,建房落成之时,都要举行上梁仪式。由两位有口才的能人,各端茶盘,内装米酒、菜食对坐在梁木两头的屋架上,讲唱上梁词,恭祝主东发财、人丁兴旺。其词风趣有味,朗朗上口,如"喜上梁来贺上梁,恭贺东家建新房,此处是个吉祥地,财源滚滚人丁旺"。同时,还要抛梁粑、披彩虹、喝喜酒。

兰花洞村的各个自然寨或依山傍水,或横卧山坳,或骑坐山梁,或隐藏峡谷,或躲进白云深处,吊脚木楼,鳞次栉比,宛如翡翠珍珠,洒落崇山峻岭之中,颇有世外桃源之幽美。

## (二) 非物质文化遗产

### 1. 称谓

生活在兰花洞村的土家族是一个历史悠久的民族,自称"毕兹卡",翻译成汉语就是"本地人"的意思。大约自五代以后,湘鄂西地区土家族这一稳定的群体,开始逐渐形成单一民族。土家族有本民族的语言,且兼通汉文,土家族人以自己的勤劳和智慧,创造了具有本民族特点的历史和文化。

兰花洞村土家族的称谓跟湘西州内其他地区的土家族不一样,明显不同于其他兄弟民族的称谓,正好显示出当地土家族独有的语言特点。

> 亲属称谓:
> 曾祖父称业替拢铺,曾祖母称业替阿巴。
> 祖父称爬铺,祖母称阿巴。父亲称婆爬,母亲称阿涅。
> 伯父称阿起,伯母称捏起。叔父称安摆,叔母称阿捏。
> 哥哥称阿可,弟弟称阿矮。姐姐称阿大,妹妹称阿米。
> 儿子称卵必,女儿称必优。孙儿称惹必,孙女称惹必优。
> 外祖父称嘎公,外祖母称卡布。

当地称谓还有一条约定俗成的规定。从祖父到重孙辈的五代称谓中,祖父祖母一代不分内外,分别称为拔铺和阿巴;同辈人中的哥哥、弟弟、姐姐、妹妹在称呼上不分内外;还有儿子、女儿、孙子、孙女以及重孙子、重孙女,在称呼上不分内外。

### 2. 饮食习俗

兰花洞村的土家族有不同于他人的饮食习俗,其中最具特色的有熏烤类、酿制类、米制品、酸制品和茶饮类。熏烤类,主要指的是熏腊肉。其实,除了鸡鸭之外,土家族几乎是无肉不熏,包括自宰自食的猪肉、羊肉、牛肉等。熏腊肉不仅味道好,更关键的是存放时间长,对于居住偏远的兰花洞村土家族人来说，取用方便。腌制腊肉方法简单，将新鲜猪肉切成3~5斤大小的条块，撒上食盐、花椒、山胡椒粉，放在缸内腌制7天左右。穿上棕叶挂在炕架上，柴火烟熏两个月，其中以柏、松、茶树枝柴火为上等。从冬月经腊月，到正月、二月即可下炕入食，当然也可久挂不取。

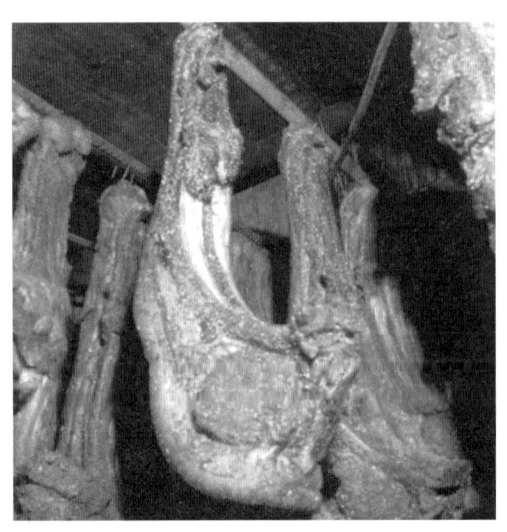

熏肉（龚洪 摄）

酿制类，主要指的是酒类，包括苞谷烧、米酒、甜酒。在兰花洞村土家族人中有"无酒不成席"的说法，凡是红、白喜事，或者邀朋聚首，都必须主饮客醉。改土归流前，凡酒都由村里的能手设坊酿制，其中苞谷烧浑厚、粗烈，米酒甘甜、平和，此外还有酿制高粱酒、糯米酒的。米酒、高粱酒、苞谷烧多在正规的席面上使用，唯甜酒不同，它不登雅席，出现的场合要么是贵客临门，用以餐前接风；要么是在大年小节时，用以过早、消夜；或者自家女儿生孩子坐月子，外婆用作看月送礼。随着市面上的酒越来越多，制作甜酒的人越来越少，村民们大多饮食啤酒、米酒，甜酒只是在逢年过节或者招待贵客的时候才会出现在餐桌上。

米制品，主要有团徽、炒米和糍粑，原料为当地自种的糯米。使用场合跟甜酒差不多，或来客接风，或年节过早，或看月送礼。除炒米之外，团徽和糍粑经过红、绿颜色的装扮后，可以装上抬盒，在认亲、娶亲时出入于高亲贵门之中。米豆腐是当地的特色小吃，在夏天最受欢迎，制作原料一般包括大米、大豆、石灰，这和其他地方的米豆腐大致相同，最主要的区别体现在它的配料上。米豆腐的颜色一般都是非常润绿明亮，口感清香，软滑细嫩。在0~25℃下可以存放3天不变质，它可以用于熟食也可以冷食。米豆腐的制作方法：首先将米和黄豆洗净浸泡一天，然后单独将米和水、黄豆和水用石磨磨成米浆和豆浆，将磨好的米浆和豆浆倒入铁锅，用大火煮至七分熟时转小火，注意边煮边搅，煮熟之后变成糊状，倒入盛器内，冷却之后即可。

酸制品，主要有酸菜。村民家中常见的有酸鱼、酸肉、酸萝卜、青菜酸等几十种。每种酸菜的制作都有不同的要求。

茶饮类，主要指茶。兰花洞村的土家族人常制常饮的有绿茶、莓茶、芝麻茶、煳米茶等10多种。当地人不仅用茶叶泡茶，还用茶果煮茶。莓茶是藤蔓型的野生植物。把它砍回之后，用菜刀剁成小节，晒干常年煮用。芝麻茶主要用于待客，将芝麻炒熟显黄，然后开水冲泡、加盖，几分钟后便可饮用。

### 3. 服饰

古代，兰花洞村的土家族服饰无遗物传留，无从考究。清朝雍正年间编纂的《永顺县志》上，有个简略的记载：土司时，男女服饰不分，皆为一式，头裹刺花布头巾，衣裙尽绣花边。改土归流后，服饰逐渐改变，有了男装、女装、童装的区别。

（1）男装

头戴青丝帕或青布帕七至九尺，包成人字路。较为古老的上衣叫琵琶襟。安铜扣，衣上边贴有梅花条、绣有银钩。后来老人们仍穿满襟衣，青年穿对胸衣，前者无领，后者高领。服色以青色为主，裤裆大，裤脚短。裤腰以白色为美，青年人把白裤腰露出，且将情人赠送的裤腰带两端之耍絮和花荷包吊在外面，以示标致。老年人着双鼻大棉鞋，穿布袜。青年人穿瓦瓦鞋或两节瓜鞋，喜打绑腿。雨天穿牛皮钉鞋，上山一律穿水草鞋，热天以穿多耳麻鞋为时髦。

（2）女装

头包九尺至一丈二尺五寸的丝帕或青布帕，包成人字路。

上衣有以下几种：外托肩，无领、绲边向右开襟，在衣襟的袖口，有两条不同的青边，不贴花条。

银钩,有短衣领、衣襟和袖口缀上一条宽青边后边再等距离地贴上三五色花梅条,胸襟用彩丝绣钩花。青蓝布衣都是用白竹布绳边。衣服大而长,以盖着臀部为宜,衣袖大而短,古朴而不轻佻。胸面围裙,围裙上绣有各种花草。2月、8月天气不冷不热,青年妇女喜穿白竹布汗衣,外套青蓝背褡,为青年妇女爱好之时装。女裤多用青蓝色或紫色,蓝布加青边,青布加蓝边或白边,稍上贴三条等距离的梅条。女鞋很讲究,鞋口漆边织入牙齿花,鞋面喜用青蓝色或粉红绸子,上面绣各种花草鱼虫,或蝴蝶,或蜂蜜,或蜻蜓,或虾子,或蜈蚣等。其鞋式有尖尖鞋、瓦瓦鞋。

逢喜事做客时,头戴多种首饰,有玉宝针芭蕉扇、莲蓬,胸面持扣花、牙签,上系银牌、银丝、银珠。耳上吊各种耳环,手腕上戴金、银、玉石的手圈,手指上戴各种戒指。这些都是喜庆场合中的特殊装饰,一般以穿戴朴素为主。发式因年龄而异,少女蓄茶盖盖,蓄羊角辫子,12岁开始留满头,吊长辫子。

(3) 童装

小孩的服饰突出表现在帽子上。按小孩的年龄和时令季节确定帽型。2月、8月戴紫金冠,夏季戴冬瓜帽、蛤蟆帽,冬季戴狗头帽、鱼尾帽、凤帽。这些帽子的帽面,用五色丝线绣有种种花鸟鱼虫,还钉有文八仙、武八仙、十八罗汉、小算盘等装饰品。从小孩帽子上,可以看出其母亲的刺绣水平。小孩的手腕上、脚踝上,还戴有多种金圈、银圈、金银空心瓜锤、响铃等。颈项上还套有项圈、胸前垂有合吊牌,百家锁上镶"长命富贵,易养成人"八个字。小孩衣服上套兜,上绣各种花草。孩子的鞋子也有几类:不能走路的孩子有粑粑鞋、猫儿鞋。能走路的孩子穿长筒鞋、娃娃鞋。三四岁后,男女服饰才渐有区别。

兰花洞村无论男女都忌戴白帕白帽,甚至忌穿白衣,因为白色是家有丧事的表示。其中,服饰随着时代的变化而变化,到社会主义新时代,兰花洞村土家族除尚有的古老服饰外,一般服饰与汉族无异。

### 4. 婚嫁

兰花洞村土家族青年男女的婚姻是比较自由的，可以通过跳摆手舞、观看灯戏或墟场赶集，物色意中人，所谓"三六九赶场，对人看"，就是这个意思。确定目标后，多以唱山歌、吹木叶的形式表达爱意和交流感情。

改土归流后，土家族地区婚姻制度主要是"父母之命，媒妁之言"的包办制度。主要过程是求婚、认亲、拜年、过日子和娶亲。

求婚。男方请媒人到女家求亲。女方的八字好，男女双方的八字又合得上，男方即正式请媒人到女家求亲。若女方同意，则会赠送几只碗让媒人带回去。待看好日子后，男方请媒人在女方家放爆竹，此时才算正式订下婚事了。

认亲。认亲也叫取八字。求纸后，男方父母找人看好良辰吉日，通告对方。届时男方准备粑粑、酒肉、衣饰等，由媒人引领男方及其父母到女方家认亲。

拜年。认亲之后，每到正月新年，女婿挑去粑粑、猪腿等礼品到岳父家拜年，这几天，女方要远远躲开，是不能在未婚配的丈夫前露面的。

过日子。即女方收下礼品后，双方思想上都有了底，但具体时间还要请人测定。结婚时间一般在一年的下半年。男方确定具体时间后，再备礼物，到女方家中通知吉日。

娶亲。娶亲之日，是男女双方的大喜日子，务必隆重。女方在婚期前一个月内，请来做嫁妆的木匠、缝嫁衣的裁缝、做彩鞋的皮匠等。匠人一进屋，新姑娘的哭嫁就开始了，然后举行隆重的婚礼。

婚后三朝，新郎、新娘回娘家看亲叫回门。

中华人民共和国成立后，兰花洞村的婚俗在不断改变，包办婚姻没有了，举行拜堂仪式的不多了，就连哭嫁也少了。

### 5. 丧葬

兰花洞村在操办丧事方面，主要过程和习俗大致为报丧、入殓、丧礼、送葬和安葬。

报丧。村寨中若有长者病故,忌言"死"字,只能说某某"过身"了,或者说某个家里"老人"了。亡者在咽气前,膝下子女应尽候床前,叫"送终"。亡者咽气后,亲人会点燃挂鞭炮,为左邻右舍报丧。接着将一把木椅子放在土地堂前,意思是某某过世了,向全村亲朋和过往行人报丧。当然,对于居住较远的亲戚,还得派人传讯。

入殓。人死后,要由家人到常年取水的井里打水烧热,为死者洗澡,穿寿衣寿鞋,腰间围一束五色纱线,一岁一根,有多少岁就围多少根,停放在门板上,脸上盖一张纸钱,脚边用清油点上"脚灯"。此后,马上将棺材摆在堂屋中,取来火坑灰或香饼粉铺在棺底面,按年龄数排列成行、印上酒杯印,而后铺上皮纸,将死者放入棺材内,叫"入殓"。

丧礼。丧葬事主要由道士主持。死者"入殓"后,由道士念"开路经",给亡者开路,停柩三至七天上山安葬。举丧期间,堂屋改成灵堂,做成纸匾在大门口挂着"当大事"三个字,说明家有丧事,任何公事私事,都不能对丧家进行滋扰。出柩的前一天为大葬日,道士齐聚丧家为死者诵经,亲人则守在灵前叩拜。若亡者是个老人,且是正常死亡者,在停柩期间,每晚在灵堂唱丧歌,以慰亡灵。

大葬之日丧家杀猪宰羊作祭,迎接亲朋至好前来吊唁。

送葬。大葬礼的第二天早上送葬上山。先请阴阳先生择好吉地吉时,抬柩出门。长子怀抱灵牌,走在灵柩前面。

安葬。棺材抬到墓地后,先由道士在墓井内用小米画八卦,洒雄黄酒,烧芝麻秆,然后将棺材徐徐放入墓穴。先由孝子双膝跪在棺材盖上,哭喊着挖三锄,然后众人推泥垒石砌新坟,坟头插把纸和一些哭丧棒。砌好坟堆后,再放鞭炮,表示安葬完毕,其后丧家连续三个晚上送火把给新亡做伴。满三朝后,还要带上酒肉香纸,到墓地复墓。7天后回煞,这天晚上,在亡者亡故之处,用酒肉祭奠,传说这晚是亡者回来看儿孙之时。

按照村中的习俗,父母死后,子女百日内不剃头,戴孝3年,不看戏、不看灯、不打牌,以表孝思。经多年移风易俗,尤其自1981年后,丧葬习俗开始改进。目前,一般性操办仍然存在,以做道场为主要形式的大操大办没有了,戴孝3年的现象没有了,烦琐的过程正日趋简单。

### 6. 节日

兰花洞村最大的节日是过年及"四月八""六月六""七月半"。

四月八:是兰花洞村土家族祭祀牛王的节日,农民们从事农业生产活动的时间较久,故对耕牛特别爱护重视。

六月六:也是兰花洞村土家族人的大节日,这一天,村寨宰杀牲口,还特意把亲朋接来,大家一起过"六月六"。

七月半:是较大的节日,村里流传有"家家有个七月半"的说法。民间流传七月半是祖先们回家的日子。

经过与汉族的交往交流交融,兰花洞村的人们也和汉族一起过清明节、端午节、中秋节和重阳节。后来又兴起过元旦节、劳动节、国庆节等。

### 7. 咚咚喹

咚咚喹是土家族一种古老的小型管乐器,尤其是少女们爱吹,这大概和咚咚喹的传说有关。每当秋收后的古历七八月里,山上、山下、小溪旁,少年姑娘们在放牛、扯猪草、砍柴、洗衣的空隙时间吹奏,悠扬悦耳,十分动人。

### 8. 毛古斯

毛古斯被称为"人类戏剧、舞蹈的活化石"。毛古斯是土家族纪念祖先、开拓荒野、捕鱼狩猎等创世业迹的一种古老舞蹈,形式风格异常古朴、别致。以前每逢过年节,兰花洞村的村民们都要跳这种古老的舞蹈。据村民介绍,以往的毛古斯表演,一般有6场,分别是扫堂、烧山挖土、赶肉、钓鱼、学读书、接新娘,但是现在已经很少有人会全部演完了。

### 9. 摆手舞

舞蹈来源于土家族人的生活,兰花洞村的土家族人长期生活于山区,故其舞蹈亦多以表现山区生活为主。其中最普遍、最能表现其生活内容的以摆手舞为主,摆手舞是在摆手活动中进行的。

摆手活动是兰花洞村的土家族人大型的祭祀祖先的活动,每年古历正月在元宵节以前举行。摆手的固定的场所叫摆手堂,俗称"官厅",即供神之处。建筑简陋,两排一间,或木房或用土砖筑成,内有神座,神座之上,中供彭公爵主,左供向老官人,右供田好汉。摆手活动都是夜间进行。晚饭后,村民们携带着敬神的供品,如酒、肉、香、纸、蜡烛、粑粑及狩猎所得的兽皮、寒鸡尾巴、锦鸡冠子等,到摆手堂集中,等到全村的人基本到齐后,由村中有威望的老人主持,领大家烧香、作揖、磕头、敬酒,三遍之后,敬神完毕,大家在摆手堂前面的坪坝中间的杉木桅杆上升起龙凤旗,敲锣打鼓,点燃早就准备好的用小干竹枝捆成的火把或各家凑来的柴火。坪子的四周还挂着灯笼,整个坪坝照晃得如同白昼,人们自然地围着圆圈。一般是男外圈、女内圈,随着锣鼓声,人们便舞之蹈之歌之起来,这舞蹈叫摆手舞,这歌叫摆手歌。

### 10. 灯戏、阳戏、高腔戏

灯戏是流传在当地的主要剧种之一,是本地山歌、小调及民间歌舞、说唱音乐发展起来的戏剧形式。以灯笼、花扇为主要道具,击乐器伴奏,载歌载舞,唱腔优美,有着浓郁的生活气息和鲜明的地方特色,深受群众喜爱。唱灯戏由于演出地点大多在厅堂、院子,故称"地唱灯""歌舞灯"。据会唱灯戏的村民介绍说,从角色设置来看,灯戏的角色主要是小生、小旦、小丑,没有净与末,戏中一般以一生一旦或一丑一旦居多,唱灯戏时通常只画眉毛。

阳戏的剧目题材大多是反映农村生活,其表演艺术充溢着浓郁的生活气息和乡土气息,地方特色十分鲜明。表演技艺中,不少是来自民间歌舞的身段和语汇,还有直接采用花灯的各类扇子、手巾表演技艺,以及花灯的手法、步法身段组合和场面调度。

高腔戏音乐的外部形式特征可概括为三个字:帮、打、唱。帮,指后台帮腔。打,指打击乐伴奏。唱,指除帮腔之外的角色之唱。

演出上的简单、简洁、简约,是当地戏曲的主要特点。中华人民共和国成立后,从事此类艺种的人明显减少。兰花洞村目前仅有一位七旬老人曾经学习、表演过此类戏剧,由于年岁已高,身体欠佳,老人家已经不再参加演出。

## 三、自然资源

一是农作物。粮食作物主要有稻谷、苞谷(玉米)、红苕、洋芋、绿豆、黄豆、豌豆、茼蒿、番茄、羽衣甘蓝、秋葵、芦笋、豆瓣菜等,至20世纪70年代,由于品种单一,耕作粗放,水利条件差,无法抗拒水、旱、虫病等自然灾害,故粮食产量很低。水旱无忧的田,每亩收上200千克左右稻谷,就算是丰收了。由于山村缺乏粮食机械加工设备,村民一般都是用碓、磨来进行加工。生产工具主要有犁、耙、锄头、钉耙等。耕作技术较为粗放,稻田一般是一犁一耙、二犁二耙,个别的到三犁三耙;苞谷多是除一次草,少数除两次。犁田多使用黄牛。

20世纪80年代开始,随着耕作制度改进和科学种田水平的提高,粮食产量明显增加,一般每亩稻田收干谷500千克。传统碓、磨被现代加工机械取代,几乎一个寨子有一户人家拥有打米机。经济作物以花生、油茶、大豆、芝麻、茶叶、土靛、甘蔗、棉花、苎麻等为多,灯草、蒲席也有少量种植。烤烟品种以红花大金元为主。2018年全村种植烤烟1060亩,新种油茶639亩;2019年全村种植烤烟612亩,油茶705亩。药材有天麻、黄连、杜仲、百合、

村内稻田(袁立新 摄)

黄檗等。2020年底,兰花洞村全面脱贫,经济条件得到明显改善。

兰花洞村土家族种麻是一种传统的种植习惯,所以兰花洞村也不例外。以前,村里大部分农家都有麻园,种植的麻非为商品,多作自用。如用麻搓牛绳、牛缆索、捕兽麻篆、纳鞋底用的鞋底索、编织麻草鞋,绩麻织布,用以作麻布衣服、麻布帐子、麻布围帐、麻布袋子等。喜种青麻,俗称小麻,韧度好且耐磨。近年来,由于棉、化纤等纺织品的推广,目前村里已经无人种植麻。

土家族、苗族、汉族杂居,互相影响,所种蔬菜大致相同,主要蔬菜有萝卜、白菜、菠菜、葱、蒜、辣椒、各种瓜类、薯类、豆类、笋类、藕、阳藿、魔芋、芋头、大蔸菜、西红柿、茼蒿、苋菜等数十种。春夏秋冬四季,菜园里都有新鲜的蔬菜。此外,还有胡葱、枞菌、蕨菜等味道鲜美、营养丰富的野菜。2018年,全村种植辣椒155亩,到收获季节,批发商会到村里大批收购。也有少数几户人家在溪边的田里种荷花,以卖莲藕和莲子为收入来源。

兰花洞村一隅(袁立新 摄)

二是林业。山地土壤分为黄红壤、黄棕壤、红色石灰土、黑色石灰土、紫色土等,土壤呈微酸性至弱碱性反应,肥力较高,适应多种植物生长。

# 第十四章
## 兰花洞村

由于交通闭塞,人烟稀少,在几百年前,兰花洞村到处都是树,后来随着人口的增多,耕地开发得越来越多,森林面积日益减少。近年,有关部门颁布了相关法律法规,严禁随意砍伐树木,但是由于经常有村民焚烧地里的杂草而引起森林火灾,也有大量的树木被烧。森林以亚热带常绿阔叶混交林、亚热带竹林、亚热带低山常绿叶林等组成。林木的宜种性广,群落结构复杂,经长期的自然选择和人工栽植,林木资源种类繁多。用材林有马尾松、杉木、楠木、柏木、檫木、樟木、香椿、光皮桦、泡桐、红桐、白桐、黄杨、白杨种种。特种经济林有油桐、油茶、漆树、五倍子、板栗、柑橘、乌桕、山苍子、杜仲、黄檗、黄栀子、栓皮栎、棕树、茶叶、桑树等。

古树1(袁立新　摄)

古树2(雷秋萍　摄)

油桐、油茶历来是村民主要的经济来源之一。桐林的栽培历史有900余年,最初仅用于照明与制漆,后来成为商品,桐林和油茶林种植面积不断发展起来,产量也日益增多,从而促进了商业的发达和市场的繁荣。由于油桐、油茶品种老化,造林的规格不符合要求,产量不高,村中近年来种植油桐、油茶的人也日渐减少。果树类有柑橘、柿子、板栗、核桃、梨、李、毛桃、黄桃、枇杷、梅子、杏子、枣子、樱桃、石榴、橙子、乌饭果等,还有1996年开始迅速发展的猕猴桃、八月瓜、金钩、司栗子等。据2018年村委统计数据显示，黄桃288亩，猕猴桃430亩；竹类有南竹、桂竹、水竹等。树林中除了用材林、经济林、各类果树和竹类外，还有灌木种类、各种花卉及肉桂、黄檗、杜仲等多种药材。

三是养殖业。兰花洞村曾经有三分之一的村民是贫困户，自从湘西军分区扶贫工作队入驻后，发生了翻天覆地的变化。村里养殖稻花鱼15亩、黄牛上百头、黑猪203头。兰花洞村的养殖业增加了村民的收入，多名群众因此脱贫。

四是野生动物。走兽类有虎、狐狸、穿山甲、刺猬、野猪、野兔、猕猴等。早些年前，村民生态保护意识不强，为了改善生活，会拿着猎枪、铁夹子去捕杀野猪，有时会设置陷阱，用玉米秆盖起来，上面放谷子、花生、玉米、红薯等作为诱饵，等野猪掉进陷阱里。随着森林面积的减少，各类珍贵的野兽日益减少，村民很少见到过野猪、狐狸等。飞禽类有野鸡、锦鸡、麻雀、水鸭子、猫头鹰、白头翁、乌鸦等50余类，其中野鸡、锦鸡为国家二级保护动物。

走在乡间，村里溪涧纵横，为各种鱼类的繁殖提供了极好的条件。据统计，鱼类有以下一些品种：鲤鱼、鲢鱼、鲱鱼、鳜鱼、油鱼、鳊鱼、草鱼、红翅膀、白鱼翅、巴岩鱼、千年鱼、花花鱼、鲫鱼、娃娃鱼、鳝鱼等。其中娃娃鱼生活于溪涧中，为国家保护鱼类。家家户户都会养稻花鱼，逢年过节时排干田里的水，抓稻花鱼作为桌上的美食。有水的小溪里和田里还会有蚌壳、蜗牛、螃蟹、田螺等。

五是矿石资源。永顺县地下矿藏资源丰富，目前勘测发现有煤、铁、铅、锌、铜、石灰石等矿藏，兰花洞村主要有石膏、珍珠岩、铜矿。

（本章由龚洪、王之撰写）

# 第十五章　咱河村

咱河(zā huó)村坐落于永顺县酉水北端,车坪乡南部,距离县城约46公里,北与红色旅游名镇塔卧接壤,东南方与土司王古都老司城相邻。咱河村是一个以土家族为主的少数民族村寨,随处可见古朴的具有历史感的土家建筑,土家吊脚楼、土家朝门掩映在茂密的古树之中,平添几分岁月的沧桑感。村内的千年古树、榉木、利川润楠、赤皮青冈、栲树、银杏等都是极其珍贵的国家二级保护树种,是咱河村的宝贵财富。2017年4月3日,国家民委正式命名咱河村为第二批中国少数民族特色村寨。2019年6月,咱河村被列入第五批中国传统村落名录。

# 一、村落概况

## （一）地理生态环境

咱河村位于永顺县东北角，车坪乡南部，距离县城约46公里，是永顺县车坪乡下辖的自然村，也是湘西土家族苗族自治州的一个特色传统村落。

咱河村全景（袁立新　摄）

咱河村村域面积18000多亩，耕地面积占2031亩。其中稻田1243亩、旱地788亩、退耕还林1880亩、生态公益林3162亩。西水河流经该村长达8公里之多，全村海拔落差大，从西水河的342米到红坡山顶868米相对差在526米，海拔868米的红坡地理标志保护点，属国家基础测绘重要地理标志保护点。红坡地理标志保护点上能近观方圆百公里，尽收湘西西水风光。沿着峰丛，峰林时隐时现，犹如万马奔腾、云奔潮涌、云海仙境。

## （二）村落来源

　　追溯咱河村的演变历史,至今村里老少皆能说出一则故事。相传,自楚王马殷以彭瑊为溪州刺史,后晋天福五年(940年)立溪州铜柱,彭氏子孙世袭溪州刺史;南宋绍兴五年(1135年),第十一任溪州刺史彭福石上任的第二天,宫中的总管向永基对他建议道:"新官上任,当谋子孙久远之计。我溪州治所,拟搬迁到别处为宜。"彭福石问道:"搬迁到何处为好?"向永基答道:"据此百里之外,有个灵溪,以前是吴王盘踞的宫城,那地方若加以修建,可作为溪州中心治所。"于是彭福石迁州城于灵溪河畔,筑福石城(即今老司城)。溪州彭氏土司时期,颗砂曾是新司城所在地,也是古溪州土司王"贡品"产源地。

　　土司王朝时代初由于人口密集,彭光绪带人携家眷迁咱河村,住酉水河支流沿岸,见该地山清水秀,背山面水适宜生存,于是在此刀耕火种进行开荒。后由于酉水河岸水患严重,整个村寨迁移至山顶的相对平坦地上,世代繁衍下来形成现在的村落。目前村内还保留着一条3公里长的古河道,古时的咱河村民最早定居于此,并在此狩猎、捕鱼、播种。世世代代的百姓以河两岸为家,依偎着一条河流,孕育着不断更替的文明,这也是咱河村的由来。

　　明洪武二年(1369年),置永顺军民安抚司,六年升为永顺军民宣慰使司,咱河为其辖地。清雍正七年(1729年),置永顺府及永顺县,咱河属之。雍正七年(1729年)至民国二年(1913年),车坪乡地域属永顺县内塔卧保,咱河属塔卧保。民国十二年(1923年),属塔卧乡咱河村。民国二十七年(1938年),车坪属永顺县里仁乡,咱河属里仁乡。1958年9月,塔卧成立人民公社,咱河属塔卧人民公社咱河生产大队。1984年2月,车坪人民公社恢复车坪乡,属车坪乡咱河村。

## （三）村落人口

2019年8月统计，村内分布有9个村民小组，共331户，1319人，大多为土家族居民。其中劳动力683人，大多青壮年劳动力以外出务工为主，平时村内多为留守儿童以及空巢老人。村民姓氏以彭姓人数最多，其他少数姓氏为李姓、唐姓、覃姓、尹姓、潘姓。其中彭姓主要分布在官上坡组，少数姓氏零星散布在各个组。

村内人口最多的彭氏家族是古祝融之后裔，目前村内的彭氏家族为来自望族陇西郡、淮阳郡、宜春县三地的后代。彭氏二大房子孙居住在车坪咱河堡寨及伞白头岩板，二大房居住在咱河堡寨下面的反马坡，五人房居住在车坪。秦末时楚汉争霸，有一支彭姓为避战乱而离彭城远迁陇西。汉初时期，有西汉开国功臣、诸侯王（梁王）彭越。彭越二儿子彭绥华的后代是汉代长平（今河南西华）侯彭宣，彭宣后举家迁居河南淮阳，后于淮阳发展成为望族。魏晋时，由于战乱及官职周迁等原因，彭姓人大举南迁。南北朝北齐时，彭宣八世孙彭景直徙居瀛州（今河北河间），九世孙中有一支迁居安定（今甘肃泾川县北）。唐玄宗时，为避安史之乱，彭景直之子彭构云迁居袁州宜春，彭姓开始称盛于江西省境，彭构云五世孙彭玕因仕宦而落籍庐陵（今江西吉安）吉安县油田镇山口村，并有江西其他彭姓辗转迁徙于福建。

## （四）物产与特色产业

在丰富的自然资源下，村民们利用他们的智慧在村内开发了种植业、养殖业、原生态旅游业。酉水河流经咱河村，村内降雨充沛，森林茂密，气候适宜，几百年来村民们依靠传统农业维持生计，常年种植水稻、玉米、辣椒、板栗等作为食物，多余粮食则用来饲养家禽。由于水土流失较为严重，村内的土壤不再肥沃，曾经种植的大片烤烟由于土壤问题，村民们也不再大片种植。每户村民养殖的鸡、鸭、鹅等家禽采用放养式管理,养在离房屋不远的林地下,让其自行觅食。过去的咱河村民饲养黑香猪,后来由于猪瘟,村内已经见不到成群的黑香猪,取而代之的是成群的牛羊,特色的黄牛成为咱河村民主要的耕地工具以及主要食材。

村里种植的野生富硒板栗成为村里的特色产业,咱河村的板栗软糯香甜,壳薄易剥,全靠自然雨露滋养,少用化肥农药,采用农家肥,所以出产的板栗绿色无污染,吃起来香甜可口。咱河村板栗均为野生板栗,年产量20万~30万斤。

咱河村将万亩野生板栗从过去的荒废、粗犷的管理,向着科学规范化管理迈步,经营方式朝着乡村文化旅游和游客自由采摘方向转型。每年的寒露时节,咱河村都会迎来隆重的"板栗节",这个拥有14300多亩的野生板栗林的土地,届时遍地将洒下丰收的歌声与笑声。村落里的老人、孩子们扛着长篙,背着竹篓,结伴上山打板栗,一颗颗体态丰盈、可爱玲珑的野生板栗,因游客自己动手采摘变得更加美味可口。板栗节当天村民会邀请外来游客参与,人山人海,好生热闹,游客们自己动手采摘板栗,品尝板栗美食,体验传统村落独特的文化魅力,咱河村也因此享有"万亩野生富硒板栗村"之称。

2014年的金秋十月,丹桂飘香时举行了"千年咱河村首届板栗节",以传承土家族物质文化来促进全村农业生态旅游,咱河村村民和来自各地的1000多名游客一起打板栗、捡板栗,在万亩野生板栗园中跳起板栗舞、对唱板栗山歌,游客们还吃上了道道板栗菜,餐桌上还喝上板栗酒。板栗给咱河村带来了十分可观的收益。

蜜蜂养殖在咱河村也小有规模,目前存有生态蜜蜂200余箱,成为村民重要的经济收入来源之一。刚进入村民家中,就可听到蜂群嗡嗡的飞舞声,一股淡淡的花香扑面而来。每一个蜂箱是一个蜂群,出产的全是原生态蜂蜜,纯手工生产的蜂蜜入口就有一种独特的花香味,口感甜而不腻。

## （五）经济社会发展状况

随着大量青壮年外出务工，村内的主要收入来源逐渐从交易物产到依靠劳务输出，近年的咱河村逐渐开发本土旅游业，村民将原有的传统木屋重新翻修，办起了农家乐，成为永顺县乡村旅游示范点，带动村内经济发展。村内教育水平较为落后，全村只有一所小学，大部分儿童到乡里或者县城求学，并且村内只有一间卫生所，可以满足村民基本的身体健康检查，但是对于一些疾病治疗还存在技术设施薄弱的问题。2019年6月10日建立了咱河村村民服务中心，主要受理村民的咨询、服务申请等各项事务，为了更好地促进咱河村脱贫攻坚事业，目前在村民服务中心已建立爱心公益超市电商服务室，帮助当地村民通过电商的形式出售物产。这使得咱河村逐渐脱离原先传统农业种植出售的方式，逐渐转向新兴产业，促进当地经济发展。2020年底，咱河村实现了全面脱贫，咱河村的教育、医疗、卫生、基础设施建设、村民收入和幸福指数都获得了长足的进步。

## 二、文化遗产

### （一）物质文化遗产

#### 1. 传统民居

中国的传统居民古建筑，是一个个镶嵌在祖国广阔土地上的艺术瑰宝。咱河村属土家族聚居村落，民居形式多种多样，结构独特，形式活泼。全村拥有276栋木房，占总户数的85%。民居建筑形式多为合院式民居及一字形民居，合院式民居配有吊脚楼，下层多畅空，里面多作牛、猪等牲畜及储存农具与杂物用，楼上为客堂与卧室。整个建筑建在高低不平的缓坡上面，依山顺势，使整个村落看上去高低起伏，错落有致，与周围的自然环境相协调。

## 第十五章
咱河村

吊脚楼是中国西南地区的古老木质建筑,最原始的雏形是一种干栏式民居。咱河村的吊脚楼群四面环山,寨内古树苍翠,翠竹林立,环境优美,由三条石板台阶分成三大部分,吊脚楼多为悬山穿斗式木结构,五柱四骑和三柱四骑,小青瓦屋面,雕花木门,部分配有吊脚楼。吊脚楼上有绕楼的曲廊,曲廊还有栏杆。"前朱雀,后玄武"为最佳屋场,后来讲究朝向,或坐西向东,或坐东向西。吊脚楼有吊瓜、万字格栏杆做装饰。

传统民居(袁立新 摄)

建筑呈虎坐形,中间为堂屋,左右两边称为饶间,作居住、做饭之用。饶间以中柱为界分为两半,前面作火塘屋,后面作卧室。堂屋是吊脚楼最重要的一间房子,占据整栋楼房的正中间。整栋楼房无论多少户,都共用一间堂屋,祭祖、祭神、男婚女嫁的礼仪都在堂屋进行。堂屋开对字门,两扇方格或万字窗格,进门枋高于其他门枋。堂屋内不铺楼板,意思是连天接地。屋顶梁木画太极八卦图案,正面有神龛,贴"天地国亲师位"家神,家神两边贴家规家训,堂屋是传承香火,正肃家风的神圣地方。堂屋正上方挂有匾额,有交际酬谢、赞颂祝福、堂室命名、喜庆哀悼等社会生活的方方面面。匾额作为书法艺术、雕刻艺术和装饰美学相融合的产物,有着珍贵的历史价值、文物价值和艺术价值。

村民彭永跃所居房屋建于元代,为元代四合院建筑。建筑层数为一层。中间为一字形房屋,两侧有转角楼,右侧为元代土木结合转角楼,上面有吊瓜做装饰。建筑为传统木质结构,立柱为柏木,穿拉枋为松木,小青瓦屋面,花格窗,司檐悬空,木栏扶手,走马转角,古香古色。转角楼为悬山穿斗式木结构,三柱四骑。窗户为简单的方格窗或万字花格,屋内有明代太师椅、清代古圆桌、金丝楠木箱、元代台灯等作为装饰,雕刻精美。堂屋中间正上方挂有四排匾额作为装饰。2015年,为保护右侧转角楼受风吹日晒,在其侧面加了三根木柱,防止木柱腐烂。

村民彭跃德所居房屋建于明代。主体建筑层数为一层,左侧吊脚楼局部三层,利用吊脚楼底层架空,建在高低不平的缓坡上面,与周边山体等自然环境融为一体。转角楼有吊瓜做装饰,悬山穿斗式木结构,三柱四骑,小青瓦屋面,花格窗,司檐悬空,木栏扶手。建筑为传统木质结构,建筑材料全部为松木,台面用青石垒砌。窗户为万字花格,堂屋上方挂有匾额作为装饰。

村民彭永玉所居房屋建于清代。建筑层数为一层,局部两层,五排四间,三柱四骑,立柱为柏木,穿拉枋为松木。屋外有木质楼梯,房屋侧面出挑部分为居民日常晾晒衣服之处。悬山穿斗式木结构,小青瓦屋面,司檐悬空,木栏扶手,台面用青石垒砌。

### 2. 遗留古迹

在咱河,除了历史悠久的传统民居木屋,还有一批古迹遗存,古凉亭、古官道、古寨门、古井、古水碾等一批批遗留古迹代表着咱河村数百年的历史积淀。它们宁静、邈远、厚重,坦然地接受着历史的洗礼和岁月的冲刷。

初到咱河村,映入眼帘的是一座宏伟壮丽的古寨门,咱河土家古村六个大字表明这是进入咱河村的第一道门槛。土家族村寨古时候常遭到外

古寨门(张雪岩 摄)

地侵犯,于是智慧的土家族人便想办法在寨子的周边用石头或者泥坯砌成围墙,并在主要出入口设立寨门,以防御侵犯。咱河村的古寨门于1949—1980年修建,古寨门为斗拱结构,建筑材料全部为木材,在寨门的中心上方及两侧挂有古匾额,柱子下面有柱础,万字花格作为装饰,寨门上挂有灯笼,展现了古色古香的村寨特色以及咱河人民热情好客的精神。

进入寨门,一条具有丰厚历史沉淀的古官道映入眼帘,咱河村的古官道形成于清代,这条全长不过几百米的古官道,却隐藏着丰富的人文历史遗迹和历史故事。这条古官道全为石板铺砌,路面宽不足2米,但它是通往咱河村的必经之路,为土家族人衣食住行带来便利。

古官道(永顺县住建局 供图)

沿着古官道走不远,前方一座双檐覆盖的凉亭格外显眼,色泽不一的砖墙上显露着岁月的痕迹。咱河村的古凉亭形成于清代,最开始为小商铺,逐渐荒废之后,成为供路人休憩

古凉亭(雷秋萍 摄)

的亭子。步入亭内,一股历史的沧桑感油然而生,解放战争时期也有红军路过此地休息。整个凉亭15平方米,一砖一瓦历经风雨的侵蚀和青苔的遮掩,波浪花纹的斗拱,藏匿于横梁之下,默默支撑了600多年屹立不倒的凉亭。

咱河村临近酉水河,地下水资源丰富,过去咱河村尚无自来水设施,全村用水主要依靠村内古井。村内的古井始于元代,随着村内设备的逐

古井（雷秋萍 摄）

渐完善，现已用混凝土搭砌，主要分为上井、中井、下井。为了保证水资源的合理利用，上井水一般作为饮用，中井水一般洗菜，下井水洗衣服等。大部分村民已使用自来水饮用，而古井清澈见底的水质仍被用于洗菜洗衣。一口古井，一份传承，古井发挥着自己的作用，哺育了世世代代的咱河村人。

水碾水磨是一种古老的加工工具，随着社会的进步，如今这些古老的工具已经难觅踪迹。然而在咱河村古井的不远处有一处建于元代的古水碾，整个水碾共3平方米，主要供当时村民借助水的推力碾米之用。水碾主要依靠碾砣在碾槽里旋转，碾压稻谷使其脱壳，碾完的稻谷和谷壳混在一起，还要用旁边的风谷机将谷壳吹干净，剩下的就是新鲜的大米。经过上百年的风雨，古水碾已经遗落在丛中，但是它传承下来的是祖祖辈辈对于农耕文化的记忆，古水碾的保留见证了古代劳动人民生产生活过程中的智慧。

## （二）非物质文化遗产

### 1. 打溜子

一方民俗代表着一地的风土人情，蕴藏着动人的民间故事。一个个国家级的非物质文化遗产、特色民俗为咱河村添加了一份别样的味道。在咱河村，不管是平日里的婚嫁、寿诞，还是年节喜庆，土家族人都会有一种特殊的庆祝方式——打溜子。

## 2. 梯玛神歌

土家族梯玛神歌是土家族巫师(土老司)在请神还愿、祭祀亡灵等宗教仪式活动时所演唱的敬神之歌。它存活于祭祀、巫法等诸多仪式空间，并有着念、唱、舞等表现形式，集中表现了土家族对人类起源、神祇产生、民族出现、祖先伟业、历史发展的认知。2006年，土家族梯玛神歌被确定为湖南省第一批非物质文化遗产，2008年被确定为第二批国家级非物质文化遗产。

据咱河村周耀黄(周光交之子,梯玛传承人)讲述，周氏梯玛班子是由周氏的本族宗亲组成，梯玛这份职业是由他们的老祖太公公周柳学，遵循"非我宗亲不能传"的传承原则，代代相传而来，传至父亲这一代，已有12代。咱河村里学习梯玛神歌的村民较多，但是大部分年轻人外出务工，只有回到村子的时候才会一起合作表演，团队一般由7~8人组成，团队成员可以使用所有乐器，分工按照所接活动决定。梯玛头戴"凤冠帽"，腰围"八幅罗裙"，"凤冠帽"有活页八块，象征着八部大神，威风凛凛，用来压邪镇鬼。一场完整的梯玛法事流程繁多，由开坛、请师、取水、洒净、升旗、挂榜、招兵、安营、扎寨、五方、结界、迎圣、接驾、开方、破狱、诵经、礼忏、审案、步上刀梯、拜五方、谢驾21个流程组成。

梯玛法器为八宝铜铃、牛角号、师刀、师剑、长刀等，这些法器各有各的用途和内涵，能彰显神威、镇妖压邪。周氏梯玛执行的仪式，均受到了音声覆盖，仪式中的人声包括了"近音乐"的歌唱以及"近语言"的说、无节奏的念、有节奏韵律的念。器声分为京镲、锣、鼓、牛角、钹、闭口绕等。

梯玛祭祀作法，手握八宝铜铃，有时下跪、叩头、拜神，勒马望神，一边摇铃、一边舞蹈，其间夹吹牛角。土家梯玛歌以歌舞贯穿始终，既有深沉、忧郁的古歌，也有轻松、欢快的盘歌；既有抒情、哀婉的祈祷词，也有风趣、滑稽的玩笑话。梯玛神歌是一部珍贵的民族史诗，是一部丰富的土家辞典，它以独特、稀有的文化形式，凸显出珍贵的文化价值。

### 3. 摆手舞

摆手舞,是一种以摆手为基本特征的祭祀性舞蹈,土家族标志性的文化形态,是土家族人祭祀神灵、酬报先祖和传承民族文化的重要形式。咱河村素来有跳摆手舞的传统,村民们能歌善舞,通过代代相传的方式,将这一艺术典型代表薪火相传,使其成为咱河村民日常娱乐节日的主要庆祝方式。咱河村有近千村民会跳土家族摆手舞。

咱河村的村民热爱摆手舞,为祖先漫长艰辛的生存历史而自豪,他们希望可以将这一非物质文化遗产进行传承,用尽全力影响和带动更多人,继承和弘扬这一传统民族文化瑰宝。

### 4. 毛古斯

咱河村内仅有少数的村民会参与表演性质的毛古斯舞,在重大节日庆典时,扮演者头戴棕叶帽,身穿茅草衣,模拟握棍起舞,双手交替握棍,两脚轮换跳跃,全身不停地抖摆,再现出原始毛古斯的形象。在整个"找果子""打露水""祭梅山""追野兽""赶猴子""抖狗蚤""野兔跳"的表演中以单人动作为主,如"八字步""碎步""斜丁步""正步""花邦步"等主要舞步和屈膝、扭腰、送胯、抖棍、大小跳、摆头、叉腰、下蹲、抖身、虚拳、左右跳摆、摇头耸肩、浑身颤抖,碎步进退、蹦跳行进等肢体动作。同时根据剧情需要,采用了一些双人和三人以及群舞的动作。

毛古斯不仅对研究土家族最初的生活形态、生活方式有着十分重要的价值,其表演形态中所保留的自然崇拜、图腾崇拜、祖神崇拜等远古信仰符号和写意性、虚拟性、模仿性等艺术元素,更是一笔弥足珍贵的文化遗产。

### 5. 婚俗

湘西永顺县民间文化底蕴丰厚,土家族婚俗是最具代表性习俗之一,自古以来就形成了整套繁复的婚姻习俗。咱河村少部分村民的婚嫁还延续着传统的哭嫁,现在有专门以哭嫁为职业的群体,有时候会被请去哭嫁,哭嫁词多是忆苦,表达离家的不舍,一般是记忆表达,没有固定的歌词。

早在新石器时代后期，即出现了"夫妻之道"，到春秋战国时期，婚姻制度较为完备。据《永顺府志》十二卷首一卷清乾隆二十八年（1763年）记载：婚礼以牛、羊、银布、猪、酒各物为聘醮不候服，出联姻不嫌同姓之陋习。在湘西土家族地区古代婚姻礼数沿袭至今。土家婚俗的先后顺序为纳彩、问名、纳吉、纳真、送庚、迎亲、回门。"纳彩"是男方请媒人向女方提亲。"问名"就是女方收下纳彩礼后，男方请媒人去女方家互换生辰八字，请占卜先生测定这门亲事是吉是凶。若主吉，男方派媒人去女方家通报，这叫"纳吉"，表示这门亲事可定。纳吉后男方正式将聘礼送到女方家，这叫"纳真"，"真"是成的意思。男女双方将生辰八字写在大红纸上，就正式定亲了。女方便通知亲朋好友，和同族同寨的姊妹便开始哭嫁了，一直哭到新娘出阁方止。

最隆重的一礼便是六礼中的重要仪式——迎亲，迎亲前请礼官先生赞礼，赞礼毕，男方请来"八仙"师傅吹吹打打抬上花轿，点着大红灯笼，新郎披红戴花，带上迎亲队伍放着鞭炮去迎娶新娘。女方便请族内德高望重的人来担当拦门先生，拦住迎亲队伍，拦门先生开始请迎亲队伍的礼官先生。最后礼官将男方送的压轿粑粑、团猪肉、团豆腐、离娘衣、背亲布、三茶六礼等送上，拦门便结束，进屋后新郎行祭祖礼、焚香、烧纸、礼拜、祭拜女方祖先。第二天，女方先发蚊帐，随后新娘哭嫁向父母辞行，由亲人背至堂前，站在板凳上甩筷子，再由亲人背至轿前换新鞋。女方将所陪的嫁妆随轿同行，到男方家后下轿祭拜天地，祭拜祖先，参拜高堂，行合卺礼，然后送入洞房。新婚之夜闹洞房，三天之内辈分不分大小，不管男女老幼均可闹洞房。婚礼的第三天，新娘新郎则要回家省亲，女方的亲戚都要打发"回礼"并教他们兴家立业，夫唱妇随，白头偕老。婚姻对一个人来说，意味着成家立业，因此被称为一个人的"终身大事"，历来受到人们的特别重视。湘西土家族的婚俗，充满吉祥、喜庆、别具一格。

## 6. 饮食习俗

咱河土家古村寨主打"原味""美味""传统"三个亮点，紧紧抓住自然生态这个主题，尊重和还原土家饮食文化，利用自然资源，开发乡村家常饮食节会宴席，做到返璞归真。

土家族菜肴讲究酸、香、辣，俗话说："三日不吃酸和辣，心里就像猫爪抓，走路脚软眼也花。"因此咱河村的村民特别看重辣椒、胡椒、花椒、大蒜、胡葱、韭菜、香椿等辛辣香味浓郁的佐料食品。旧志记载，土家族先民居住在"丛岩邃谷间，冰泉凛冽，岗瘴郁蒸，非辛味不足以温胃健脾"。咱河村内的妇女多为酸香辣制作能手，家家户户种有辣椒、胡椒等新鲜辅料，将四季鲜菜、野菜或五禽六畜之肉通过干制、腌制、烘炕等，制成干菜、辣菜、酸菜系列等，传统村落的自然生态饮食有滋有味。

日常饮食菜系列：鲜菜（家绿色蔬菜、山野菜）、干菜（将山笋、野蕨菜、椿芽、枞菌、野生胡葱等土家鲜菜用土家传统手法自然晾干制作）、肉类（无添加任何混合饲料自然喂养的家禽家畜）、水田特色菜（泥鳅、田螺、田鱼等）、豆谷加工类（各种豆腐、米豆腐、小豆腐）。

节宴组合菜系列：土家十大碗（土家族恭喜茶、千张贺菜、黑木耳炖土鸡、乡村扣蹄花、乡村火炕鱼、鼎罐猪脚、土家扣肉、四季常青、土家合渣、土家叶儿粑粑），土家喜会席面（腊肉、腊香肠、腊猪脚、炕鱼、炕豆腐、干菜、松脆蜂蛹、石磨合渣、蒿草粑粑），芋头烩（八月十五"芋头节"专宴），土家全席（"龙谷节接龙宴"专用），土家年饭席。以上组合菜均选用土里长的、天上飞的、地上跑的、水里游的、土家常有的食材精制而成。

土家小吃：土甜酒、熟土鸡蛋、烧土鸡、灯盏窝（籼稻米粑）、碗碗糕、绿豆面、苞谷粑、扯子驼、马打滚、黄豆饼、糖麻圆、黄雀肉、拖面、蕨粑粑、野葛粉、凉粉、五谷茶等，采用炸、煎、蒸、烤、烧、冲、泡、煮等加工方法，充分展示土家族人的聪明才智，为客人提供既可现场品尝，又可带走与家人朋友分享的土家特色小吃。

土家腊肉：腊肉是指在每年农历的腊月将经过腌制的咸肉，再经晾晒或烟熏而成的肉制品。腊肉在我国历史悠久。尤以湘西腊肉最具特色。腊肉的保存：大寒以前制作的腊肉保存得最久且不易变味。腊肉在常温下保存，农历三月以前味是最正宗的时候，随着气温升高，腊肉虽然肉质不变,但味会变得刺喉。所以农历三月以后,腊肉就不能在常温下保存了。最好的保存办法就是将腊肉洗干净,用保鲜膜包好,放在冰箱的冷藏室,这样就可以保存更久。

土王全席:土司王流传的"土王全席",一席十八碗碟,共八道菜谱,二十四个系列。土家族人凡遇岁时节令、春播秋收、婚嫁丧葬、做生祝寿、起屋迁居、亲朋聚会,都必定会操办独有的筵席。咱河村村民对待远方而来的客人,会用他们的热情给你土家族最高的美食待遇"土王全席",48碗土家菜,各色山珍,奇特野味,原汁原味的土家味道足可让人回味无穷。土陶烧制的大碗配上土家腊肉、乡村野菜,也是土家族的特色风情。

## 三、自然资源

### (一)自然景观

咱河村属丘陵山区,山脉由西北向东南走向,村落地势平坦,略为西高东低、南高北低,境内山水资源丰富,山地、丘陵、平原相间,车坪河发源自塔卧三家田,流经车坪、茶元两村后注入酉水河。受地势影响,咱河村一年四季分明,年平均气温16.4℃,属中亚热带山地湿润气候。因山峦起伏,空气潮湿,雨量充沛,村内年降水量1445毫米,年日照时间在1400小时以上,总体日照较少,云多雾大。境内偶尔也会迎来一些自然灾害,例如冰雹、旱涝、风灾、低温、霜冻、雷击等。据访谈,2011年7月的某一天,村内降雹持续达3个小时,导致村内水库水位急剧升高,强降雨导致山洪暴发,水土流失严重,大量农作物被淹,对村里造成了不小的影响。近年,咱河村完成了村庄的环境整治、水电改造、人文建设和美丽乡村建设,从内到外对村庄进行了一个整体的改造,改造后的咱河村美丽、淳朴。望着这样一个拥有着千年记忆的传统村落,人们不禁好奇它是如何演变成为今天的模样。

咱河村地处海拔较高的相对平坦地上,山林环绕,寨内古树苍翠,翠

咱河村自然景观（袁立新　摄）

竹林立，环境优美，在选址特征上"左青龙，右白虎，前有照，后有靠"，将民宅建在高低不平的缓坡上面，依山顺势，错落有致，与周围的自然环境相协调，达到了"天人合一"的完美境界。整个村落布局清晰，最底部为大片稻田，接着是层叠而上的村寨，半山腰有成片玉米地，顶端为苍翠竹林和杂木林，更多的是万亩野生板栗园。寨中有千年古风洞，位于酉水河沿岸，官上坡居民点西侧。另有古井两口，水质甚优，古树、古洞、古井、古官道集中分布在官上坡和东侧谷居民点附近，承载着土家村寨厚重的历史底蕴。这个以完好保存276栋土家木质建筑和特色土家民俗文化为使命的小村落，一直以来用默默的姿态发展着，似诗画里跳脱而出的那方世外桃源。

## （二）动植物资源

村内动植物种类较为丰富，植物主要林种有杉木林、枞树林，地表多为低矮灌木，草本层以草为主。2014年，全乡森林面积95000亩，退耕还林30000亩，森林覆盖率达90%。林地资源丰富的咱河村，有各种古树组成的生态林，古树种类有椤木、石楠、柞木、金弹子、黑壳楠、枫杨、银杏、桂花树、铁坚油杉、朴树、枫香树、柏木、黄连木、榉树、利川润楠、青冈栎、甜槠，共计49棵。村内有树龄为300年至500年的古树11棵，分别为树龄500年的国家一级保护古树利川润楠4棵，树龄400年的国家二级保护古树榉树1棵,树龄400年的国家二级保护古树青冈栎1棵,树龄350年的国家二级保护古树甜槠3棵,其余2棵树龄分别为180年、150年,均属于国家三级保护古树。另外还有1棵待鉴定古树,树龄800年,属于国家一级保护古树。村内各种鸟类、鱼类等野生动物种类也应有尽有,常见的几种为野猪、果子狸、獾猪、野山羊、竹鸡、锦鸡、白鹤等。河里有鲤鱼、白鱼、鲢鱼、草鱼、泥鳅、团鱼等鱼种,其中以白鱼、鲤鱼居多。

## 四、历史事件

趴水洞位于车坪白水河东岸峭壁间,上下左右无路可通,可容四五百人。上洞洞主是新寨乡弄塔大地主、当过国民党团长的王金礼,下洞洞主是塔卧区区长张奎全。红军解放永顺后,塔卧、车坪部分土豪劣绅带领武装躲进了趴水洞。他们强迫岩、木工在洞口修筑了两道围墙,盖了一间茅屋作哨所,砌了几个贮水的岩缸。洞内贮藏了大量的水和粮食,可供百多人生活几个月,进出只能使用绞车悬吊。

1935年春,红军工作队到车坪开展土地革命,根据群众要求,派出一个连带领群众去围攻趴水洞,历经20多天未克。后用火攻烧了洞口的茅屋哨所,迫使地主武装用洞内贮备的水救火,于是洞内饮水发生困难,他们便用绞车放水桶到河里取水。红军又用树枝浮于河面,使他们无法取水。红军乘此组织机枪火力进行掩护,贫苦农民向大奋勇当先,身系40余丈棕绳,从山顶吊下洞口,向洞内投掷手榴弹。乘硝烟弥漫洞口之际,红军冲进洞内,打死打伤地主武装30多名,并活捉大土豪王金礼、张奎全及其随从百余人,缴获各种枪支86支,轻机关枪4挺,步枪子弹100多箱,短枪子弹2000多发,皮箱300余口,银元2000多块。

## 五、历史人物

历史名人,代代流传,彭飞少将是咱河村老少皆知的著名人物。塔卧县红色革命纪念亭对红二、六军团部永顺籍老红军中彭飞少将的介绍如下：彭飞，出生于1914年，土家族，车坪乡茶园村人（祖籍咱河村伞白头），中国人民解放军少将，福州军区司令部副参谋长。

（本章由张雪岩撰写）

# 第十六章　老司城村

老司城村是永顺县灵溪镇下辖村,位于距永顺县城以东19.5公里的灵溪河河畔,是永顺县极其重要的土司文化遗址,于2015年7月4日成功列入世界文化遗产名录。老司城村分内罗城、外罗城,有纵横交错的八街十巷,人户稠密,市店兴隆,史书有"城内三千户,城外八百家","五溪之巨镇,万里之边城"的记载;更是南宋绍兴五年(1135年)至清雍正六年(1728年)永顺彭氏土司的政治、经济、军事、文化中心。经过历史长河洗涤的村落,古时遗迹仍然保存完整,蕴含着浓厚的历史底蕴,是湖南省首处世界文化遗产地,也是中国第48个世界文化遗产地。2012年12月,老司城村被列入第一批中国传统村落名录。

# 一、村落概况

## （一）地理生态环境

老司城村地处武陵山脉腹地，位于湖南省湘西自治州永顺县城以东19.5公里的灵溪河谷地带。老司城村的整体环境，可用"青山环碧水，司城嵌其中"来形容。中心城址面对绣屏山和翠屏峰，背靠被称为"福""禄""寿"三星山的福石山、禄德山、寿德山。东边是太平山，西边是绣屏山、麦坝山，北边是玉笋山，南边是翠窟山。这些山将老司城紧紧包围在内，守护着老司城。碧水是指灵溪河，灵溪河自东北向西南环城透迤而过，三面将老司城环绕，一路向东连接至酉水，《永顺县志》总结为"回抱如带，出王村达北江"。

## （二）村落来源

老司城历史上是中国西南地区土司政治、经济、文化的中心。自五代后梁开平四年（910年）彭瑊成为溪州刺史开始，共历经9个朝代，历时818年，世袭27代，共35位土司王。据记载，历史上最繁荣的时候老司城内居住着3000户人家。

早在800年前，老司城以山作为屏障，把水作为城池，以"巍巍乎五溪之巨镇，郁郁乎百里之边城"的磅礴气势雄盖五溪。唐末时，藩镇割据、群雄鏖战，祖籍江西吉安的辰州刺史彭瑊，带领一队人马来到了老司城，因为为人和善，总是向身边的人施予恩惠很快就拉拢了人心，而且日渐强盛统一了五溪之地，成为第一世土司王朝首领。彭氏土司最初的治所位于会溪坪。971年，第四世土司彭允林将其迁徙至龙潭城。1135年，第十一世土司彭福石又将其迁到老司城。此后的600年里，十八世土司不断向周边扩张，迅速占领了老司城的每一寸土地。过去，老司城最繁华的地方就是八街九巷,纵横相通,商铺林立,市面熙攘。在当时的交通条件下,聪慧的土家族人利用灵溪河进行水运,将司城里特有的桐油、生漆及麝香、虎骨、虎皮、灵芝等运到山外,换取一些必需的生活用品。接官渡码头也成了酉水河支流中最繁华的码头,至今依然繁忙。但是另一种运输方式——木栈道就没有那么幸运了,木栈道建于悬崖绝壁中,多年无人行走,如今已消失在历史里。至今,隐约还能在崖壁中看见一些石洞,被称作为"神仙打眼"。新街、左街、河街、鱼肚街、马蝗口、五屯街、东门街等遗址仍然依稀可见,过去的繁荣场景只能通过这些遗址进行想象了。

虽然土司们对于自己领地的筹划未曾间断,但属于他们的王地却日趋缩小。因为从宋朝开始,中央政权逐渐巩固强大,皇帝将以往的"羁縻"世袭封地化大为小,并且册封了数千个土司。到了明朝,彭氏土司辖地只有三洲六长官司,58旗,380峒,昔日辖20洲。清雍正六年(1728年),清政府实行改土归流,彭氏800余年的土司制度被废止。尽管朝代变换,权力缩减,但土司始终保持着忠诚、谦虚的态度,土司制也成为历史上一种独特的制度。

## (三)村落人口

老司城村面积42平方公里,辖4个自然寨17个村民小组,截至2019年8月,有564户1784人,村民全部是土家族人,保留着较多的土家族传统习俗。老司城村内居民多是向、秦、陈、肖、彭、魏六姓,其中向姓村民大多为土司下属向氏官僚后裔,自改土归流政策施行后搬迁至老司城村。

## (四)经济社会发展状况

老司城村位于灵溪镇的东南部,村民零散地居住在村子里,散落聚居的村寨房屋均为土家木质转角楼,飞檐翘角在青山白云绿树间隐现,让人"望得见山,看得见水,记得住乡愁"。村寨水稻面积共1789亩,旱土面积共1341亩,林地面积41566亩,绿化率高达95%,自然环境优越。

村落中相关公共服务平台较齐全。村民生活的村子里有一所小学,但因为村里的孩子大多被送到县城上学,所以村落学校规模较小,仅有1名教师任教,只招收1~3年级学生,每班固定有20名左右的学生。虽然村落小学条件极为简陋,但相比永顺县大多数没有学校建制的村落而言,老司城村极力地保存和维护着村小的建制。村落里有一所卫生院,规模不大,乡村医生主持,村民们有小病小痛会来此检查看病,患大病时则只能去县城就医。

近年,老司城村大力发展旅游业,对村子进行了整体改造,打造成景区。村落功能区规划合理,绿树成荫,民宿和店铺随处可见,村民生活环境得到了极大改善。2003年老司城景区修建好后,外出务工的村民减少,回村发展的人数变多,但大多还是就业于旅游业,村里没有大面积种植粮食作物,主要的经济收入来自旅游业。

## 二、文化遗产

### (一)物质文化遗产

#### 1. 传统民居

老司城村除两栋民居与老司城遗址管理处办公楼为现代砖房,其余均为传统木建筑,民居大部分有人居住,整体保存完好。绝大部分民居均为三柱四骑,一正三开间,少量有厢房、穿梁、歇山式,均为依山而建,无固定朝向,其中土王祠为砖木混合抬梁式结构。祖师殿位于距村寨2.5公里的灵溪河东岸,坐东朝西,由皇经台、玉皇阁和祖师殿三部分组成,该殿为重檐歇山顶,顶柱基系双叠园,石基柱榫承楼处是一斗二升和一斗三升。祖师殿面阔五间,明间承柱二根,抬梁式木结构,有宝顶正吻斗拱结构。皇经台歇山顶三层檐,抬梁式,无斗拱,面阔三间。

在村居传统建筑中,吊脚楼是其代表建筑,顺山势自由分布,体现崇尚自然、遵循自然的原则。吊脚楼式建筑集约用地,排水和供暖设施科学合理,能够满足当地居民日常生活需要。这些建筑多与石刻题名、古栈道等相映成趣,使得建筑具有人文气息和文化内涵。同时,建筑材料就地取材,与自然和谐统一,体现尊重自然、因地制宜、人与自然和谐共处的理念。然而,老司城村在景区规划中,不少土著村民搬迁,或者由于要重修游客到访的民宿,已无法看到当地完整的吊脚楼群,很多村民直接重建砖房或者木屋,只有少数传统民居特色与遗址被保留下来。

**2. 老司城遗址的四件珍宝**

一宝是溪州铜柱。溪州铜柱建造于后晋天福五年(940年),正月开铸,七月告竣,八月镌文,十二月立柱。相传后晋天福四年(939年),溪州刺史彭士愁与当时占据湖南的楚王马希范发生溪州之战。彭士愁战败后于后晋天福五年(940年)与马希范议和,把战争的经过和议和的条款,镌刻于铜柱之上。所以铜柱上主要有两部分内容:第一部分是马楚天策府学士李弘皋撰写的《复溪州铜柱记》,由散文体的"记"和七言韵文体的"颂"组成,其后有监造官的题名;第二部分是溪州与马楚政权盟誓的誓状,包括誓词和一份19人的立誓者题名。在这两部分之后,还有两行较小字体的建造题记,记录铜柱竖立的时间,更重要的是其高度、重量和形制,应是铜柱竖立之时刻上的。铜柱内装满了当时土家族人进贡给楚王的铜币,只是后来遭人盗窃,洗劫一空,且铜柱的盖头也遭到了破坏无法修缮。20世纪60年代末因修建凤滩水电站迁至永顺县王村丛山包,现位于湘西民俗风光馆内。

二宝是大小德政碑。老司城"德政碑"是湘西土司王朝发展到一定阶段的历史见证。老司城村的德政碑修建于康熙五十二年(1713年),第三十四世首

德政碑(雷楂 摄)

领,土司彭肇率众为弘扬第三十三世首领、土司彭泓海所立,记录了彭氏历代土司自五代以来几百年臣服朝廷、养民守土的事实,记录了彭泓海"去猛存宽、用贤退客、易杀戮为鞭朴"的政治理念。

三宝是抗倭英雄彭翼南的"墓志铭"和"子孙永享"的牌坊。彭翼南是土司城第二十五代土王,他于明嘉靖三十三年(1554年)接到朝廷的命令,在老司城校场点兵五千完毕,投入抗倭战争。在出发前,彭翼南下令,全员斋戒,虔诚沐浴,已婚者不能与妻子同宿,并在当年冬月的一天,命令舍把、把总、旗长、大将共千余人自备香烛纸供果汇集祖师殿,观音阁祭祀一天,祷告菩萨保佑抗倭胜利。据说,彭翼南和祖父一起统兵五千,长途跋涉,于一日到浙江望驿一住处坐下休息时,彭翼南在朦胧中见到了玉帝、观音、祖师爷等人。观音说会帮助他,醒来发现是梦。次日,彭翼南带领五千兵与保靖彭荩臣的士兵于王江泾会合。这次战斗大获全胜,彭翼南觉得是有神人帮助。此后,彭翼南又多次抗倭,每次都能获得朝廷的犒赏和钦封。1562年起,彭翼南在司城大修庙宇三年,并从辽东运回各类铜菩萨二十余尊,还雕刻数百尊各类木质菩萨,一并设于司城十大庙内。"子孙永享"牌坊上面中间有一个类似葫芦的标识。葫芦本身有"福"的意思,并且原来的土家族是由八个部落组成的,因此最开始也是供奉八部大王,所以葫芦左右两边的八道像火焰形状的

"子孙永享"牌坊(袁立新 摄)

就代表了八个部落,做成像火的形状也表达了土家族能繁荣昌盛的美好愿望。

# 第十六章
老司城村

四宝是土司官印。在元、明、清时期,为了加强各个地方土司的管理,中央朝廷按照相关的法令确认各个少数民族世袭首领的职位、职务、官阶、官品,以及他们管辖的人民数量、土地面积,按照当时的制度长期实行有效统治。土司以及士官的执政一律纳入朝廷的法治管辖中,无论是承袭、奖惩、升迁、停职或者罢免等都依法办理。

老司城村建有老司城博物馆,是展示土司制度、土司文化与土家族文化的重要平台,馆内现存全国重点文物保护溪州铜柱、土司印章等珍贵文物。老司城博物馆采用地埋式建筑,依山而建,外墙用鹅卵石镶嵌,设计独特新奇,将土家文化、土司文化与现代建筑和工艺融为一体,并与周边环境协调统一。在老司城博物馆,人们能看到溪州铜柱复制品。这是历史上著名的南楚与永顺彭氏政权的溪州之战的产物。上面记载:尔能恭顺,我无科徭,本州赋租,自为供赡,本都兵士,亦不抽差。永无金革之虞美,克保耕桑之业。后晋天福四年(939年),溪州刺史彭士愁率溪、奖、锦等州万余人,攻打楚属辰、澧二州,楚王马希范调兵反击,由此爆发土家族历史上反抗封建王朝的著名的"溪州之战"。天福五年(940年),彭、马议和,订立盟约,铭于铜柱,立于溪州会溪坪酉水东岸。从此,溪州铜柱成为溪州自主、安宁、和平的象征,被溪峒土人尊为神物。

## 3. 古建筑

摆手堂。摆手堂是土家族人聚在一起跳摆手舞的地方。在摆手堂内还有一座土王祠,土王祠里有三尊神像,中间是彭公爵彭士愁,一代土王。左边为向老官人向宗彦,右边是田好汉田尔庚。田好汉是武官,向宗彦是文官。

土家族摆手舞(袁立新 摄)

祖师殿。祖师殿是以往老司城的五大庙宇之一,也是现在老司城保存得最完整的古建筑。主体建筑包括祖师殿、皇经台以及玉皇阁,这三座殿堂坐落于同一条轴线上,顺着山坡层层而上。大殿面阔五间,宽16.9米,进深13.0米,脊高9.9米。明间屋架为九架抬梁式,柱础石为覆盆式,各开间檐下均设斗棋。整个祖师殿均采用楠木、马桑等珍贵木材,榫卯结构,不用一根钉子。祖师殿于1972年被公布为湖南省重点文物保护单位。

祖师殿(袁立新　摄)

祖师殿内部结构1(袁立新　摄)　　祖师殿内部结构2(袁立新　摄)

## (二)非物质文化遗产

### 1. 文化习俗

老司城积淀了深厚的土家族文化,从春秋战国时期的巴人到唐朝的竹枝词,再到土家的古歌"哭嫁歌""打溜子""毛古斯舞""摆手舞",到"单摆""双摆""小摆手",无不体现出土家族丰富灿烂的文化。国家级非物质文化遗产保护名录中有土家族摆手舞、土家族毛古斯舞、土家族打溜子、土家年、土家族梯玛歌、土家族哭嫁歌、土家族咚咚喹、土家族吊脚楼营造技艺、酉水船工号子、土家族织锦技艺等,湖南省级非物质文化遗产保护名录中有竹编技艺、湘西土陶制作技艺、塔卧石雕、湘西木雕等。

老司城保有比较完整的《彭氏族谱》《王氏族谱》《向氏族谱》等,为家族文化、宗族文化的活化与呈现提供依据。

老司城及周边文化以土家族文化为主要特色,土家族节日有过"赶年"、清明节扫墓、六月六"晒龙袍"、七月十五"月半"节、中秋节"开天门"等节日。节庆主题多为祭祖,礼仪形式有摆手舞、唱歌等,通过祭祀、歌舞等活动传承土家族文化。

### 2. 民间故事

老司城遗址流传着许多民间传说和神话故事。神话故事有《八部大王的传说》《张古老补天李古老补地》等,关于自然山水的神话故事有《三角岩》《仙人洞的传说》《观音挥鞭自生桥》《神仙打眼的传说》等,民间故事有《卡尼昭昭》《土家姑娘与白果雀》《土家后生与田螺姑娘》等,历史故事有《溪州铜柱的传说》《土家族提前过年的传说》等,当地历史名人故事有《热其巴》《科洞毛人》《努力嘎巴》《向老官人》等,此外还有道教及其他故事传说,如《土老司斗金蟾》等,这些故事和传说是当地文化生活和精神价值的体现,现如今通过剧场演绎等形式再次展现其文化魅力。

历史上从来不乏对老司城的歌颂和赞美。既有流传至今的湘西古溪州民间小调,又有文人骚客的诗词歌赋,如清代文人彭勇行的《长官旧衙》《竹王祠》《南渭州》《凉热洞》,彭施铎的《溪州竹枝词》,唐仁汇的《铜柱竹枝词》等。

## 三、历史人物

朱泽云，1931年出生，土家族，湘西土家族苗族自治州灵溪镇老司城村人，中国作协会员，国际文学艺术家协会会员，参与策划由永顺县政府主持的《建设开发维修老司城》项目报告。

（本章由雷楹撰写）

# 后　记

传统村落是指拥有物质形态和非物质形态文化,具有较高的历史、文化、科学、艺术、社会、经济价值的村落。传统村落承载着中华传统文化的精华,是农耕文明不可再生的文化遗产。传统村落凝聚着中华民族精神,是维系华夏子孙文化认同的纽带。我国十分重视传统村落的传承和保护。2012年国家住建部、文化部、财政部联合颁布了《关于加强传统村落保护发展工作的指导意见》,同年开始进行中国传统村落名录认定工作。2014年国家四部委出台了《关于切实加强中国传统村落保护的指导意见》,2020年实施中国传统村落挂牌保护。截至2020年8月,我国已累计认定五批次共计6819个村落列入中国传统村落名录。加强传统村落保护与发展,挖掘和保护传统村落的历史、文化、艺术、科学、经济、社会等价值,对于弘扬优秀传统文化的精神、推动乡村振兴战略具有重要的现实意义。

湖南省湘西土家族苗族自治州永顺县具有神奇的山水风光、浓郁的民族风情、厚重的历史文化,以土家族、苗族为主的传统村落资源丰富。截至2020年8月,永顺县共有16个村落被列入中国传统村落名录。第一批入选的是小溪村、老司城村;第四批入选的是砂土村、爬出科村、列夕村、西那村、大井村、芷州村、伍伦村;第五批入选的是大明村、双凤村、龙珠村、流浪西村、西龙村、兰花洞村、咱河村。

  本调查报告由多位作者合作完成,是集体智慧的结晶。总体构思和调研提纲由丛书主编段超教授与本书主编康翠萍教授完成,第一章由龚洪撰写,第二章由陈玥撰写,第三章由郭欣蓓撰写,第四章由胡绮轩撰写,第五章由盛雨昕撰写,第六章由石兴慧、翟予因撰写,第七章和第十一章由姚林撰写,第八章由邢续净撰写,第九章和第十五章由张雪岩撰写,第十章由田琳、唐赟撰写,第十二章由唐爱玲撰写,第十三章由胡绮轩、石兴慧撰写,第十四章由龚洪、王之撰写,第十六章由雷楹撰写。同时,感谢田恩舜教授、罗建河教授、洪雷副教授、姚林博士和龚洪博士参与了调研报告的审阅工作;感谢姚林博士、郭兴蓓和邢续净参与统稿校对工作,特别是姚林博士对后期资料与相关图片的补充;感谢周菁菁博士、谭嫒垲、李潇萌、李晓珂、吴玲、杨兰兰、张娅对本书的定稿校对工作。

  在调研过程中,永顺县住建局大力支持,并提供相关资料。永顺县民族宗教事务局为调研组提供了相关资料。感谢泽家镇、首车镇、芙蓉镇、大坝乡以及13个村委对调研工作的支持!姚林、龚洪、陈玥、郭欣蓓、胡绮轩、邢续净、张雪岩、田琳、唐爱玲和石兴慧等参与前期调研工作,在此一并致谢。感谢中南民族大学民族学一级学科点及其工作人员对调查报告的支持,感谢各位专家的辛勤工作。

  由于水平有限,本书难免有错漏之处,敬请读者批评指正。